Franz Müntefering . **UNTERWEGS**

Franz
Müntefering

UNTERWEGS

Älterwerden in dieser Zeit

Bibliografische Information der Deutschen Nationalbibliothek

Die Deutsche Nationalbibliothek verzeichnet
diese Publikation in der Deutschen Nationalbibliografie;
detaillierte bibliografische Daten sind im Internet
über http://dnb.dnb.de abrufbar.

ISBN 978-3-8012-0543-0

Copyright © 2019 by
Verlag J. H. W. Dietz Nachf. GmbH
Dreizehnmorgenweg 24, 53175 Bonn

Umschlag: Birgit Sell, Köln
Umschlagfoto: Michael Gottschalk
Satz: just in print, Bonn
Druck und Verarbeitung: CPI books, Leck

Besuchen Sie uns im Internet: *www.dietz-verlag.de*

Inhalt

liebe Leserin, lieber Leser,

das Leben ist für jeden Menschen die einmalige Chance, aus ihm was zu machen, dieses Leben nicht mehr oder weniger ungeliebt und ungenutzt verstreichen zu lassen, auch nicht zum Ende hin. Ob das gelingt, hat nicht nur mit seiner Dauer zu tun. Denn wie immer: Quantität ist nicht garantiert auch Qualität. Aber hinreichend lange zu leben vergrößert doch die Chancen. Das gilt und spornt an, älter zu werden und dabei lebendig zu sein.

Wir leben deutlich länger, als Menschen vor unserer Zeit es getan haben. Im Durchschnitt. Aber doch viele – und viel mehr als früher, in Deutschland zum Beispiel. Und zwar relativ gesund. Wohlstand und Hygiene und Hochleistungsmedizin und Frieden spielen dabei eine große Rolle.

In so großer Zahl länger zu leben, älter zu werden und alt zu sein, ist ein neues Stück Menschengeschichte, denn das gab es so noch nie. Gerontologen und Soziologen, Philosophen und Allgemeinmediziner, Psychologen und Pflegefachkräfte finden hier ein breites Arbeitsfeld. Auch die Politik. Auch die Gesellschaft, und – in ihr – die Familien. Die Kommunen.

Ich stehe mit 79 Jahren nicht mehr wirklich in der Mitte meiner Lebenszeit, habe aber doch noch einige Jahre vor mir, hoffe ich (man kann sich ja nie sicher sein). Jedenfalls bin ich mit Zuversicht unterwegs. Das Leben bleibt interessant, jeden Tag, persönlich und privat, gesellschaftlich und politisch.

Von Hannah Arendt stammt das Wort von der »Politik als angewandte Liebe zum Leben«. Ich finde, da ist viel dran, an der Liebe zum Leben und an der Rolle, die das Miteinander dabei spielt, also auch das Politische. Im Staat und in der Gesellschaft. Und darum geht es in diesem Lesebuch. Um das einzelne und eigene Leben und das miteinander.

Ihr Franz Müntefering

I. ÄLTERWERDEN IN DIESER ZEIT

»Älter wird man von alleine, darüber muss man sich keine Gedanken machen.« – Das Bonmot ist nicht neu, aber falsch wie eh und je. Älter werden wir vom ersten Lebenstag an, und wir machen uns auch Gedanken darüber, sonst gäbe es weder Kindergarten noch Schule noch Ausbildung noch Studium noch Weiterbildung. Wir machen uns Gedanken bis zum Berufsende. Danach ist weitgehend offenes Feld. Wird sich schon finden. Nichts tun müssen ist doch einfach. Aber das stimmt so nicht. Und das ist wichtig für die, die schon älter sind, und für die, die es werden.

Lassen Sie uns darüber ein wenig nachdenken und reden.

Es ist nicht egal, wie wir älter werden. Und die meisten von uns werden tatsächlich alt. Die Lebenserwartung liegt bei rund 80 Jahren, bei Frauen höher als bei Männern. Sie wird bald zwischen 83 und 85 Jahren liegen, und der Zenit ist auch damit noch nicht erreicht.

Die meisten von uns werden relativ gesund alt. Es kommen richtig gute Lebensjahre obendrauf. Lebensqualität im Älterwerden und im Altsein ist möglich. Auch im Sterben. Und wir haben Einfluss darauf. Wir sind nicht allmächtig, aber auch nicht ohnmächtig. Wenn man das Leben mag, und man sollte es mögen – denn wir sind hier alle mutmaßlich nur dieses eine Mal dabei –, dann macht es Sinn, aufs eigene Leben Einfluss zu nehmen.

Bevor man aus dem Berufsleben ausscheidet, sollte man wissen, wie man in Zukunft leben will. Vorläufig. Variieren kann man ja immer noch. Jede und jeder hat Prioritäten. Nichts mehr wollen vom Leben wäre die schlechteste aller möglichen.

Wir lernen gerade, auch als Gesellschaft, mit dem Älterwerden umzugehen. Nur unsere Sprache hat sich noch nicht so richtig darauf eingestellt. Wann werden wir älter und wann sind wir alt? Heute sind in Deutschland rund 5 Millionen Menschen älter als 80, um die Jahre 2035/2040 werden es 10 Millionen sein. Die allermeisten davon so fit, dass sie alleine für sich sorgen können, autonom. Unsere Hochleistungsmedizin hat da eine wesentliche Rolle, aber auch der relative Wohlstand, die Hygiene, der Arbeitsschutz wirken sich aus. Kinder sterben nicht mehr als Säuglinge, Mütter nicht im Kindbett, Männer nicht an gefährlichen Maschinen, viel weniger Menschen im Straßenverkehr. Und seit nun rund 74 Jahren gab es an dieser Stelle, in Europa, keinen Krieg, anders als in den Jahrhunderten zuvor. Ja, Europa!

Unsere Sprache fremdelt. Die Jungen wollen gerne als 17-Jährige schon bei den Senioren spielen, denn die Senioren sind die Vollwertigen. Mit 32 bis 35 beginnt beim aktiven Fußball der Trend zu den »alten Herren«. Mit vierzig wollen alle wieder jung sein, und so ab 50 werden wir älter, aber möglichst nicht alt. Es könnte dem Sprachsinn nach ja auch sein, dass die Älteren älter sind als die Alten, aber das ist nicht gemeint. Die, die älter sind als die Alten, das sind die Hochaltrigen, und die werden ja auch noch älter. Wir haben, ziemlich lange in unserem Leben, die freie Wahl, wo wir uns selbst einordnen.

Wann ist man alt?
Ich bin 1940 geboren, 79 Jahre alt. »Wie alt fühlen Sie sich«, fragen hin und wieder die Leute. Wie 79, ich kenne ja meinen Geburtstag. Fühlen Sie sich nicht etwas jünger, vielleicht 75? Nein, ich verlasse mich aufs Wissen und ich weiß, dass ich 79 bin. Fühlen Sie sich alt? Nein – ich bin alt, 79 ist alt. Und so ähnlich.

Dieses Sich-jünger-fühlen-Sollen mag ich nicht, denn es überdeckt, dass man 79 und relativ gut drauf sein kann. Ich bin ja nicht versehentlich 79, sondern absichtlich.

Manche mögen das Wort Senioren nicht, wissen aber auch kein anderes. Wenn ich zu der Seniorin Alte sage oder zu dem Senior Alter, sind die meistens nicht begeistert. »Alter Schwede« ist erlaubt, aber da fängt die Kumpelei an, die alles erlaubt. Schließlich könnte man das Älterwerden und Altsein subjektivieren – und jede und jeder hätte so sein eigenes Alter. Aber was wäre dann mit Schulpflicht, Führerscheinerlaubnis, Wahlrecht und Renteneintrittsalter? Das ist eine hübsche Frage fürs Konversationslexikon. Aber jetzt geht es weiter mit dem Älterwerden in dieser Zeit.

Ansprechpartner zum Thema »Älterwerden« sind der Staat, die Gesellschaft und wir jeweils als Einzelne.

An den Staat haben wir die Erwartung, dass er Gerechtigkeit und Freiheit garantiert, Gerechtigkeit auf gutem Niveau und Freiheit auch als umfassende Sicherheit. Wir wollen uns auf die sozialen Sicherungssysteme für Gesundheit, Rente und Pflege verlassen können. Der Staat muss das organisieren. Aber Versicherung heißt hier: Die Jungen zahlen für die Alten, die Gesunden für die Kranken, die Fitten für die Pflegebedürftigen. Jeder Mensch, der einzahlt, ist potenzieller Empfänger.

Aber es geht nicht nur um die Zuverlässigkeit der sozialen Sicherungssysteme. Viel hängt ab von der Entwicklung unserer Kommunen, der großen und der kleinen, einschließlich der Kreise und der zivilgesellschaftlichen Präsenz. Am ehesten hier – vor Ort – kann man die nötigen strukturellen Lösungen erwarten. Der 7. Altenbericht, der von der damaligen Bundesregierung erst spät beantwortet wurde und dessen Beratung und Umsetzung hoffentlich bald auf die Tagesordnung dieses Bundestages kommt, bietet gute Ansätze und Vorschläge zum Thema. »Sorge und Mitverantwortung in der Kommune –

Aufbau und Sicherung zukunftsfähiger Gemeinschaften«, so lautet der Titel des Altenberichts. Es geht da um den Auftrag, »Merkmale einer zeitgemäßen, aktivierenden lokalen Seniorenpolitik« herauszuarbeiten. Die Befunde und Vorschläge zur Umsetzung sind interessant bis dringend empfehlenswert. Die alte Bundesregierung – unter der Federführung des Bundesministeriums für Familie, Senioren, Frauen, Jugend – hat sachlich klare Position zu den Forderungen des Altenberichts bezogen, der feststellte, »dass starke, handlungsfähige Kommunen von zentraler Bedeutung sind, um im demografischen Wandel die Politik für ältere und mit älteren Menschen vor Ort wirkungsvoll weiterzuentwickeln«.

Die Quartiersentwicklung, die sich an vielen Orten zeigt, ist ein guter Ansatz. Seniorenbeiräte, Mehrgenerationenhäuser, lokale Allianzen für Menschen mit Demenz, Hospiz- und Palliativvereine und -dienste auch. Und manches andere mehr. Es geht um die Frage, ob es ein Grundangebot im Bereich Seniorenpolitik geben sollte, das für jede Kommune verbindlich ist, unabhängig von ihrer eigenen finanziellen Kraft. Das könnte bedeuten, die Altenhilfe (wie es die Kinder- und Jugendhilfe seit Langem sind) zu einer kommunalen Pflichtaufgabe zu machen und so auch ein kommunales Basisbudget für die gemeinwesenorientierte Seniorenarbeit zu erreichen. Es könnten den Kommunen auch speziellere Aufgaben zugeordnet werden. Auf jeden Fall müssten sie dafür mit Handlungsmacht und Finanzen ausgestattet sein. Das wiederum ginge nur im Gleichklang von Bund und Ländern, was die Sache in der Regel nicht einfacher macht. Dass die Aufgabe anstrengend wird, darf nicht dazu führen, sie auf die lange Bank zu schieben oder den ganzen 7. Altenbericht ins Museum zu stellen.

Was immer passiert: Die aktive Teilhabe und Teilnahme der Älteren muss ermöglicht und gesucht werden. Es geht nicht um verstaatlichte Altenpolitik, sondern um die Ermöglichung selbstbestimmter lokaler Altenpolitik. Das Potenzial vor Ort ist groß. Von den 30 Millionen ehrenamtlich aktiven Menschen in unserem Land sind zahlreiche im Seniorenalter – erfahren, qualifiziert, unermüdlich. Daraus kann man eine wirklich gute zeitgemäße Seniorenpolitik in jeder Kommune, in jedem Stadtteil entwickeln. Am Engagement der haupt- und ehrenamtlich aktiven Senioren wird das nicht scheitern. Sie werden auch in hohem Maße sachkundig mitwirken können, wenn es darum geht, neue Impulse für eine lokale Altenpolitik zu geben. Gleichwohl ist erkennbar, dass bestimmte Voraussetzungen unverzichtbar sind, die obligatorisch werden sollten – eben zu Pflichtaufgaben der Kommunen. Damit es da kein Missverständnis gibt: Kommunen sollen nicht ihre Stadtwerke zu Altenwerken machen oder Vereine kommunalisieren. Die Kommunen sollen aber die Grundbedarfe einer zeitgemäßen Seniorenpolitik sichern, auch unter Beachtung von und im Zusammenwirken mit den Verbänden, Vereinen, Institutionen, Initiativen, die im Seniorenbereich aktiv sind.

Was immer man da erwähnt, wird man zur Antwort bekommen, dass es das schon gibt, zum Beispiel die Mehrgenerationenhäuser. Das stimmt. Es gibt zurzeit zwischen 450 und 500. Wir bräuchten aber zwanzig- bis dreißig Mal so viele. Wir sind ein Land der Modellprojekte. Fast alles Gute ist schon einmal gedacht und in kleiner Auflage praktiziert worden. Aber das löst nicht das Problem der Ungleichwertigkeit der Lebensverhältnisse. Pflegestützpunkte, Mittagstische, spezialisierte Hospiz- und Palliativdienste, lokale Allianzen für Menschen mit Demenz, qualifizierte interessenneutrale Information und Beratung jederzeit bei Fragen zu Pflege, Formen niedrigschwelliger Hilfe, Vermittlung von Bedarf und Angebot ehrenamtlicher Hilfe – das ist alles irgendwo vorhanden. Aber an noch viel mehr Stellen fehlt es.

Mobilität ist eine zentrale Voraussetzung für gute Lebensqualität im Älterwerden. Von der guten Begehbarkeit des öffentlichen Raumes, über ein verlässliches ÖPNV-Angebot bis zu Bürgerbussen und nutzbaren öffentlichen Toiletten. Auch die Möglichkeiten der digitalen Welt müssen in realistischer Weise einbezogen und in den höheren Altersklassen stärker verbreitet werden.

Die Daseinsvorsorge generell (und besonders im Gesundheitsbereich) muss sichtbar, ausreichend und für alle erreichbar sein. Bundesdurchschnittlich kann man sich da nicht beklagen. Aber was hat man vom Durchschnitt, wenn man deutlich außerhalb von ihm wohnt?

Zu uns selbst: Der Schatz der Älteren ist die Zeit. Auch wenn wir mit Augenzwinkern immer behaupten, nun gar keine Zeit mehr zu haben: Wir haben Zeit, wir sind die Zeitreichen, und mit Zeit kann man was bewegen.

Zeit zum Ausruhen, zum Nachdenken, zum Reisen, zur Muße, zum Bei-sich-Sein, das steht oben auf der Liste. Keine Hetze. Aber ein paar Stunden jede Woche sind frei fürs gesellschaftliche Miteinander, im Größeren oder Kleineren. Und Gutes für den eigenen Körper tun. Bewegung? Ja, Bewegung.

Wer lange keinen Bewegungssport mehr gemacht hat, hat mit 65 plus Hemmungen, neu einzusteigen. Die Pfunde wackeln. Das Verletzungsrisiko wird zum Thema, eine Blamage befürchtet. Trotzdem ist es nie zu spät, langsam wieder anzufangen. Anfangen beginnt im Kopf, der im Übrigen zum Körper voll dazugehört und partizipiert, wenn was passiert. Die Bewegung der Beine ernährt das Gehirn. Auch Radfahren, Rudern, Schwimmen oder Tanzen tun das. Für jede und jeden gibt es Passendes.

In vielen Sportvereinen gibt es geschulte Trainerinnen und Trainer, die den Neustart Älterer sachkundig begleiten. Wenn es das vor Ort bisher nicht gibt, kann man selbst die Initiative ergreifen, es anregen und gleichzeitig anbieten, jede Woche ein paar Stunden für die Organisation einer Senioren-Bewegungssportgruppe zur Verfügung stehen. Dass die Gruppe sehr sinnvoll ist, wissen alle Vereinsvorstände, aber die meisten von ihnen sind noch im Beruf und mit Arbeit für den Verein schon voll ausgelastet.

Also kann man Organisationshilfe anbieten, um sachkundige Beratung bitten, vielleicht auch Kurse dazu belegen, die von den Landessportbünden (LSB) angeboten werden. Die zahlreichen Mitglieder des Vereins über 40 und über 65 Jahre anzuschreiben und zum Mitmachen einzuladen, ist sicher auch eine gute Idee. Ich kenne die Aktivitäten des LSB Nordrhein-Westfalen, der zeigt, was man tun kann. Man erreicht nicht alle, aber doch eine große Zahl.

Wir Älteren haben meist tagsüber Zeit für eine Walk- oder Schwimm- oder Fahrradgruppe. Dann also los und im Verein die Versicherungsfragen klären. Zweimal die Woche zwei Stunden oder so ähnlich. Jedenfalls regelmäßig und nicht zu selten. Ist keine Halle verfügbar? Dann einfach ab nach draußen. Und wenn es regnet? Auch! So ungesund ist Regen denn doch nicht. Und einmal im Quartal sollte man mindestens auch Rollatoren-Rennen veranstalten.

Wir Älteren lehnen leicht ab: Da gehe ich nicht hin, die sind alle so alt. Wenn man uns dann dazu bringt, in den Spiegel zu blicken, haben die meisten eine Erkenntnis. Aber das nächste Argument zur Ausrede kommt schnell: Ältere sind oft so komisch. Am besten zugeben, dass das so ist. Früher gab es wenige Alte, die konnten ungebremst Weisheit vortäuschen. Aber bei uns vielen Älteren und Alten ist unübersehbar, dass wir nicht sonderlich weise sind, sondern manchmal sonderlich. Da hilft nur die Offensive. Besser mit solchen sonderlichen Älteren walken oder schwimmen, als alleine zuhause im Liegestuhl liegen, Gesundheitspillen schlucken, Kreuzworträtsel lösen oder Serie gucken und einsam sein.

Manche haben ein Einsehen und machen mit. Und dann muss man Aktivität richtig dosieren und irgendwann zum Training für das bronzene Sportabzeichen einladen. Nächstes Jahr vielleicht. Mal sehen. Kein übertriebener Ehrgeiz, nirgendwo. Es geht nicht um Sieg und Niederlage, nicht um besondere Leistung oder das Tragen der olympischen Fahne. Es geht um Bewegungssport nach individuellem Vermögen.

Auch mal Zeit haben für Gruppenstunden bei Kaffee und Bier. Denn außer dass der Körper einschließlich Kopf von der Bewegung profitiert, wachsen ja auch neue soziale Kontakte. Und die sind für uns Ältere nicht weniger wichtig als die Bewegung. Eher noch wichtiger.

Wir müssen der Isolation und Vereinsamung vorbeugen, Bekanntschaften suchen und pflegen. Soziale Kontakte helfen dabei, die Sicherheit in der eigenen Wohnung zu erhöhen, vor allem bei Menschen, die in ihrem Ein-Personen-Haushalt leben. Und davon gibt es mehr als je zuvor. Ihre Zahl nimmt zu, auch bei Älteren. Das spricht nicht gegen Notrufanlagen und Ähnliches, aber soziale Kontakte haben doch ihren eigenen Wert.

Es gibt noch ein Argument, das für solche Bewegungssportgruppen oder vergleichbare Ansätze bei Reisen, Kinobesuchen, VHS-Kursen etc. spricht: Die medizinische Grundlagenforschung muss bisher leider immer wieder melden, dass noch kein Mittel gefunden ist, Alzheimer-Demenz zu verhindern oder zu heilen oder wenigstens auszubremsen. Was sie aber immer wieder betont: Bewegen, bewegen, bewegen ist gut für den Kopf. Bewegung der Beine ernährt das Gehirn. Das ist keine Garantie, aber eine Tendenz, vielleicht eine kleine Chance. Und in der Tat haben wir ja im Bereich Bewegung ein riesiges Defizit. Schlimmer noch: Wir werden gerade zu einer Bewegungsverhinderungsgesellschaft, im körperlichen Stillstand weltweit unterwegs. Unsere Vorfahren mussten täglich eine Menge Kilometer laufen, um Nahrung zu finden. Wir steigen ins Auto, fahren zum Supermarkt, da steht viel zu viel in den Regalen, und wir kaufen es und essen es auch noch. Vernünftig ist das nicht. Körpergerecht auch nicht.

Es beginnt damit, dass wir die Bedeutung der Alltagsbeweglichkeit aus Bequemlichkeit unterschätzen. Treppen sind eben kein Hindernis, sondern eine Chance. Wer sie auslässt und dabei besonders konsequent ist, schadet sich selber. Weshalb sollte man sich freiwillig schaden?

Morgens eine Viertelstunde Gymnastik im Badezimmer ist doch leicht. Nicht schlimm, wenn man komisch aussieht bei Kniebeugen, Rumpfbeugen, Händerecken, Auf-einem-Bein-Stehen und Tiefdurchatmen. Die Regelmäßigkeit macht's. Jeder Tag hat einen Anfang. Und ins Badezimmer gehen die meisten von uns ohnehin sowieso.

Individuelle Gymnastik ersetzt aber nicht die Bewegungsgruppe. Und weil der innere Schweinehund doch immer wieder den Start verschiebt, ist es besser, sich selbst in ein Reglement mit anderen Interessierten zu begeben, das spornt an und diszipliniert und hat auch andere gute Folgen, siehe oben.

Die Ernährung spielt eine Rolle, und sie verdient noch ein Wort. Manche essen aus Langeweile ganztags. Da hat sich was vererbt. Nach 1945 haben wir aus Hunger so viel gegessen, wie zu bekommen war. Aber es war nur wenig zu bekommen. Wir gingen als Kinder nicht selten ohne Pausenbrot in die Schule – nicht weil unsere Eltern uns keines geben wollten, sondern weil sie keines hatten. Wir gingen mit Kochgeschirren in die Schule, weil uns dort Quäkerspeise hineingefüllt wurde. Bis hin zu 1950 gab es Lebensmittelkarten, mit denen man sich eine magere Ration Brot holen konnte. Und etwas dunklen, feuchten Zucker. Und was in der grünen Spitztüte beim Umstülpen vom Zucker hängenblieb – meine Mutter stülpte ganz vorsichtig um –, gehörte mir. Das waren meine ersten Pralinen sozusagen. Und als sich mit der freien Marktwirtschaft und der D-Mark bald die Geschäfte wieder füllten, futterten alle los, als ob morgen die nächste Hungersnot ausbrechen würde. Das war verständlich. Viele wurden bald wieder rund und strahlten. Ludwig Erhard und andere lebten es vor. Aber inzwischen stellt sich das Problem andersherum.

IN FORM ist eine Aktivität der BAGSO (der Bundesarbeitsgemeinschaft der Seniorenorganisation e. V.), wo in Seminaren sachkundig und interessenneutral über die Bedeutung richtiger Ernährung und ausreichender Bewegung informiert wird. Andere bieten Vergleichbares an. Man muss sich nur umhören.

Wer 60 wird, sollte sich – spätestens – informieren und Konsequenzen ziehen. Das zahlt sich aus. Und für Bewegung und Ernährung sind wir in hohem Maße selbst verantwortlich. Es ist kein Muss, sich darum zu kümmern, aber es ist klug und eine Chance.

Das gilt im Übrigen auch für die berüchtigten Stolperecken in der eigenen Wohnung. Solche Barrieren sollte man wegräumen, bevor man selbst wackelig wird. Im Älterwerden nehmen Kraft, Tempo und Ausdauer ab. Beim Sportabzeichen kann man sich das alle paar Jahre in Sekunden und Kilos ansehen. Das ist die ballistische Kurve des Lebens und ganz normal. Auch die Fähigkeiten in puncto Koordination schwinden. Das ist vielleicht sogar die wichtigste Veränderung. Man stößt eher irgendwo an, wackelt beim plötzlichen Drehen, beim Aufstehen vom Stuhl, beim Richtungswechsel, ist unsicher auf Treppen ohne Geländer. Alle kennen das aus Bus und Bahn. Die Älteren, die stehen, halten sich fest, wenn gebremst oder durch Kurven gefahren wird. Die Jungen stehen ungerührt daneben und pendeln die Situation problemlos aus. Deshalb ist das Tanzen eine so nützliche Form der Bewegung. Man muss sich dabei auf die Gruppe, den Partner oder die Partnerin einstellen, muss sich seitlich vorwärts und seitlich rückwärts bewegen, sich wenden und drehen. Das ist gut für den Kopf und eine prima Sturzprophylaxe, die sehr wichtig ist.

Im Jahr 2017 gab es in Deutschland 8.400 Sturzunfälle in Wohnungen und Häusern. Viele davon sofort oder bald danach mit tödlichem Ausgang. Meistens waren ältere Menschen beteiligt. In vielen Wohnungen wurden die Barrieren nicht rechtzeitig aus dem Weg geschafft. War ja noch immer gut gegangen. Dann nicht mehr.

In Deutschland kommen inzwischen deutlich mehr Menschen bei Unfällen in der eigenen Wohnung und im Haus ums Leben als bei Verkehrsunfällen. Die katastrophalen Zahlen Mitte der 1970er-Jahre – 17.000 Tote jährlich allein in der Bundesrepublik – konnten auf etwa 3.500 im ganzen Land gesenkt werden. Nicht von alleine übrigens. Die Anschnallpflicht traf zunächst auf wütenden Protest, das Alkoholverbot am Steuer wurde ignoriert. Die gute Einsicht wuchs mit den Sanktionen und der Zeit.

Bei Maßnahmen in Wohnungen ist die Einsicht von Vornherein höher. Da geht es um die Tür zum Bad und zur Toilette, die nicht breit genug ist für den Rollator und die möglichst nach außen aufgehen sollte. Da ist die sperrige Badewanne, die noch nicht durch eine bequeme, ebenerdige Sitzdusche ersetzt worden ist. Da fehlt die elektronische Hebeanlage für die Jalousien. Man klettert auf Stühle und Schemel, um ans oberste Fach des Schrankes zu kommen, weil da Dinge deponiert sind, die man alltäglich braucht. Wenn man ein wenig beweglicher bleibt und wenn die Barrieren in der Wohnung entfernt werden, sind viele Risiken gebannt. Solche kleinen Anpassungen der Wohnung an die Vernunft sind nicht sehr teuer und werden teils gefördert. Ein auf einige Jahre ausgelegtes Investitionsprogramm von Bund und Ländern könnte aber mit begrenzten Mitteln die Risiken deutlich reduzieren. Natürlich sind hier auch die Wohnungsbaugesellschaften angesprochen.

Zustimmung findet man dafür leicht. Nur eines wird gerne noch eingewandt: Unser Teppich, der ist so schön, der war so teuer. Der bleibt. Gut, der Teppich soll bleiben, wenn er unentbehrlich ist. Aber nagelt ihn bitte an die Wand. Das ist für alle gut, und dem Teppich ist es recht.

Das Thema Mobilität geht natürlich weit über das Gesagte hinaus. Das eigene Auto bleibt nützlich, wenn man es noch sicher im Verkehr bewegen kann. Aber es ist keine Schande, sich selbst einzugestehen, dass auch diese Fähigkeit abnimmt, was mit Reaktionsschnelligkeit, Abstandsgefühl und Komplexität mancher Verkehrsführungen zu tun hat. Wenn dann Merkfähigkeit, Sehschärfe, Reaktionsfähigkeit oder Gedächtnis abnehmen, kann das Autofahren zum Risiko werden. Das alles entwickelt sich individuell sehr unterschiedlich. Fahrtüchtigkeit hängt nicht vom Alter ab. Aber beim Älterwerden steigen die Risiken irgendwann, beim einen später, beim anderen früher.

Und immer wieder kommt in diesem Zusammenhang der Einwurf: Man weiß doch gar nicht so genau, wie das bei einem selbst ablaufen wird. Richtig. Aber die eigene Mobilität tatenlos riskieren, das ist wahrlich leichtfertig.

Bürgernahe Kommunen sorgen dafür – und viele sind bürgernah, mein Lob für die Kommunen! –, dass auch ihre älteren Bürgerinnen und Bürger sich frühzeitig und immer wieder informieren können über all die Dinge in ihren Gemeinden, die für Seniorinnen und Senioren besonders wichtig sind. Volkshochschulen spielen da eine positive Rolle, Seniorenbüros und Seniorenräte, Pflegestützpunkte und die erwähnten Mehrgenerationenhäuser. Auch die Informationsarbeit von Verbänden und Organisationen, in Veranstaltungen, gedruckt oder digital, bietet alle wichtigen Informationen zum Älterwerden. Guter Rat ist nicht teuer. Es liegt an uns selbst, ob wir ihn nutzen und wie.

In einigen Städten gibt es spezielle Bildungseinrichtungen für ältere Semester, auch an Unis. Und dass in den allermeisten Medien, in Zeitungen und im Radio, im Fernsehen, in Zeitschriften und Büchern das Thema vergessen würde, kann man nicht ernsthaft behaupten. Sicher, perfekt ist das noch nicht, und der Bedarf wächst. Da ist noch Luft nach oben. Ein bisschen mehr Heim-Volkshochschule fürs Älterwerden bei den Öffentlich-Rechtlichen wäre tagsüber möglich, höre ich.

Das gilt auch für alles, was mit Gesundheit und Pflege, mit Demenz und mit dem Sterben zu tun hat. Themen, über die man nicht jeden Tag reden muss, die man aber möglichst früh im Älterwerden ernsthaft und von Zeit zu Zeit bedenken und besprechen sollte. Einsichten können sich ändern. Niemand hat seine Gesundheit selbst voll im Griff, irgendwas kann jederzeit passieren, getreu Erich Kästner: »Wird's besser, wird's schlimmer, fragt man alljährlich. Seien wir ehrlich: Leben ist immer lebensgefährlich.« Alles nicht neu. Mit Vorsorgevollmacht und Patientenverfügung sollte man nicht bis ins hohe Alter warten. Es schadet ja nicht, wenn die Menschen, die mir am liebsten sind, im Falle des Falles meine Meinung kennen, falls ich selbst nicht mehr entscheidungs- und handlungsfähig bin. Die Vorsorgevollmacht klärt verbindlich, wer in einem solchen Fall an meiner statt Entscheidungen treffen darf. Das Paar, das am 75. Geburtstag festlegt, »das machen wir, wenn wir 90 werden«, ist spät dran und leichtsinnig.

Auch die Neuen Medien liefern wichtige Informationen zur Gesundheitsversorgung, meistens auch zu Angeboten vor Ort. Ein Grundkurs, der sicher macht in der Nutzung digitaler Angebote, ist empfehlenswert. Bekanntlich auch für eine »Standleitung« zu den Enkelkindern.

Längst nicht alle Älteren werden lange und/oder schwer pflegebedürftig. Die meisten sogar nicht. Aber auch hier gilt: Niemand ist davor sicher. Kann solche Pflege zuhause erfolgen? Viele wünschen sich das, aber wer kann das übernehmen? Partnerin oder Partner? Oder wer sonst? Die meisten Pflegebedürftigen bleiben – mindestens auf längere Zeit – zuhause, und die meisten von ihnen werden von den Angehörigen gepflegt, oft ohne professionelle Fachkräfte. Man muss das sorgfältig abwägen. Pflegen ist keine Kleinigkeit, »die doch jeder kann«. Pflegen ist, zumindest für bestimmte Stadien, eine Herausforderung, die man »können« muss, die hohe berufliche Qualifikation erfordert.

Priorität sollte die Antwort haben auf die Frage, wo die Pflege genau für diesen Menschen und genau für dessen Bedürftigkeit am besten möglich ist. Und dabei ist die Grenze der Belastbarkeit der pflegenden Angehörigen wichtiger Teil der Antwort. Auf jeden Fall sollte von Anfang an der Sachverstand von Fachkräften einbezogen werden, und/oder es sollten die Pflegenden die Gelegenheit suchen und nutzen, bei Sachkundigen eine »Grundausbildung« zu bekommen.

Die Herausforderung für Pflege zuhause ist besonders groß bei Menschen mit Demenz, und gerade hier glauben viele Paare, es sich gegenseitig schuldig zu sein, ein Verbleiben zuhause möglich zu machen. Das ist vor allem im fortgeschrittenen Stadium nicht immer vernünftig. Die Pflegenden sollten sich und die Betroffenen nicht überfordern, das wäre leichtfertig und keineswegs Ausdruck einer ethischen Handlungsweise.

Bei Hinweisen auf Demenz gibt es oftmals noch ein Verstecken und Zögern, mit der Mutmaßung sinnvoll umzugehen. Dazu wird dann auch darauf verwiesen, dass es eine Heilungschance bisher nicht gibt und deshalb eine klare Diagnose weder zur Heilung noch zum Stopp der Krankheit führen wird. Wozu dann eine Klärung der Situation? Etwa zwei Drittel der Demenzen sind genetisch bedingte Alzheimer-Erkrankungen, die bis heute offensichtlich nicht heilbar oder entscheidend eindämmbar sind. Rund ein Drittel der Demenzen aber ist anderen Ursprungs und – in Maßen – behandelbar, wenn auch nicht kurierbar. Schon um hier keine Chance zu verpassen, ist eine zügige und eindeutige Diagnose sinnvoll, und zwar vom Spezialisten.

Klar ist auf jeden Fall: Auch Menschen mit Demenz sind keine Kategorie. Sie bleiben Individuen. Sie sind in ihrer Demenz so unterschiedlich wie die Nicht-Dementen auch. Jeder Mensch ist und bleibt ein Unikat. Menschen mit Demenz können Orientierung und Sprachfähigkeit verlieren, aber das Gefühl bleibt.

Die Zahl der Menschen mit Demenz nimmt zu, auch weil die Zahl der Alten und Hochaltrigen zunimmt. Es ist eine Krankheit, die mit dem Älterwerden schrittweise deutlich häufiger auftritt.

In Fachartikeln wird eine Demenzrate von 1 bis 2 Prozent bei 60-Jährigen genannt, bei den 90- bis 95-Jährigen eine von 35 Prozent plus. Bei der letzten Zahl rutscht man leicht in den Sessel. Muss man aber nicht. Wir sind ja noch nicht 90 plus. Und zweitens hat man auch dann immer noch eine Chance von 2:1, nicht betroffen zu sein. Nicht für vieles im Leben dieser Altersklasse stehen die Chancen so gut.

Auch bei Demenz ist Unabänderlichkeit nicht zwingend. Die Grundlagenforschung muss nachdrücklich vorangetrieben werden. Das geht auch nicht nur Deutschland an, sondern die ganze Welt. Denn die Lebenserwartung steigt überall. Wir können mit unserer Hochleistungsmedizin heute Dinge tun, die vor 50 Jahren noch undenkbar waren: Herzen transplantieren und Lungen. Neue Kniegelenke und Hüften sind fast zur Routine geworden. Vor 30 oder 40 Jahren konnte man befürchten, HIV werde in naher Zukunft den Großteil der Menschheit hinwegraffen – Entwarnung. Versprechen kann man zwar nichts. Aber aufgeben dürfen wir Menschen den Versuch nicht, vorbeugende oder eindämmende oder heilende Wege auch für die Demenz zu finden.

Der Pflegebedarf je Person steigt. Die Zahl der Pflegebedürftigen auch. Die Zahl der ausgebildeten Pflegekräfte steigt aber nicht entsprechend mit. Dies alles kommt nicht plötzlich und unerwartet. Es ist ein Beispiel für die Neigung, erkennbare demografische Entwicklungen zu ignorieren, statt rechtzeitig zu handeln. Motto: Wir wissen Bescheid und warten mal ab! Bei der gesetzlichen Rentenversicherung. Am Arbeitsmarkt. Am Wohnungsmarkt. Zwischen den Regionen. Und beim Pflegebedarf.

2018 hat das Thema zusätzliche Aufmerksamkeit und hoffentlich auch nachhaltigen Rückenwind bekommen. Der Start von KAP (Konzertierte Aktion Pflege) durch die Bundesregierung ist gut, aber nun muss in der vereinbarten Zeit, in 2019, auch einiges passieren. Ein Anfang ist immerhin gemacht. Mehr noch nicht.

Bei der Pflege und bei den anderen Bereichen massiven Wandels wäre Angstmache unverantwortlich. Wir haben in Deutschland das Potenzial, die nächsten dreißig Jahre gut zu bestehen und zu erleben, wie dann die demografischen Verschiebungen sich zurückentwickeln und sich wieder ausgeglichene Relationen bilden. Die Babyboomer sind dann zwischen 85 und 100 Jahre alt. Aber diese zuversichtliche Perspektive gilt eben nur, wenn rechtzeitig, also zügig und zielgerichtet, gehandelt wird.

Das Miteinander der Generationen muss garantiert sein. Wir Älteren dürfen nicht versuchen, Vorteile für uns auf Kosten der nachfolgenden Generationen zu erzielen. Umgekehrt natürlich auch nicht. Wir sitzen in demselben Boot. Das heißt Bildung und Ausbildung, gute Lebenschancen für alle Kinder und Jugendlichen sind unverzichtbar. Die Gleichwertigkeit der Lebensverhältnisse in den Städten und Regionen muss beachtet werden. Es geht nicht um platte Gleichheit, natürlich nicht. Aber wo die Bedingungen für Lebensqualität, auch im Älterwerden, sich so verschieben, dass vermeidbare drastische Mängel auftreten, kann das nicht weiter hingenommen werden. Das heißt aber, rechtzeitig zu handeln und vorzubeugen. Und rechtzeitig, das ist *jetzt*.

Die Rolle der Kommunen muss gestärkt werden. Sie müssen Handlungsmacht und -pflicht haben und die nötigen finanziellen Bedingungen, um für alle, auch für die Älteren und Alten, eine gute Lebensqualität vor Ort zu ermöglichen. Es reicht nicht, mit sinnvollen Bundes- und Landesgesetzen passable Durchschnittswerte zu erreichen. Die solidarische Gesellschaft entsteht und wächst vor Ort und in der Region. Wenn sie gelingen soll, braucht sie handlungsfähige Kommunen. Und das ist auch eine Bewährungsprobe für unsere Demokratie. Dass das Kooperationsverbot zwischen Bund und Kommunen inzwischen wieder gelockert wurde, ist sicher ein richtiger und nützlicher Schritt, darf aber nicht der letzte sein.

Viel spricht dafür, dass diese Herausforderungen, die die Kernfragen der demografischen Entwicklungen (Lebenserwartung, Altersstrukturen, Binnen- und Außenwanderungen) sowie die Aspekte der Integration umfassen, am besten in Form einer Gemeinschaftsaufgabe zu lösen sind, an der Bund, Länder und Kommunen in verbindlicher Form und eben gemeinsam mitwirken. Das würde vom Löcherstopfen befreien, dem Handeln eine klare Richtung geben und sicher auch Europa interessieren.

An dieser Stelle möchte ich noch eine kurze Anmerkung machen, die mir besonders wichtig ist. Hier und fürs Älterwerden und das Leben insgesamt.

In Gesprächen zur Pflege und zum Sterben begegnet mir manchmal die harsche Antwort, man werde sich nicht helfen lassen. Her mit der Spritze – oder ich fahre in die Schweiz.

Man werde sich auf keinen Fall von Fremden waschen und säubern lassen. Das berühre die persönliche Würde. Man muss das respektieren, muss aber gleichwohl auch sagen: Helfen und sich helfen lassen – das ist menschlich. Wir alle sind aufeinander angewiesen. Von der Geburt an bis zum Ende. Die Illusion, souverän zu sein und unabhängig von aller Hilfsbereitschaft anderer zu existieren, ist eine Verklemmung, die tagtäglich von der Lebenswirklichkeit widerlegt wird. Unser Leben besteht aus helfen und sich helfen lassen. Weshalb nicht auch im Fall von Krankheit und Sterben?

Gründlicher ansprechen will ich aber in diesem einführenden Kapitel zum Älterwerden noch die Zukunft in unseren Familien und zu unserer Rolle, die wir Älteren dabei haben.

Dass drei oder gar vier Generationen unter einem Dach wohnen, war in meiner Jugend nicht so selten, wird dies aber immer mehr. Die Familien – Ehen und Partnerschaften – haben im Schnitt weniger Kinder als früher, ein oder zwei meistens. Es gibt verbesserte Schulbildungschancen, und viele junge Menschen gehen zur Fachhochschule oder Universität. Längst nicht alle kommen zurück ins Elternhaus. Das hat Vorteile und Nachteile, das ist hier nicht unser Thema. Aber wenn im Älterwerden bei den Großeltern oder Eltern Pflegebedarf entsteht, sind keine jüngeren Familienangehörigen im Haus, die Pflegeaufgaben übernehmen können. Immer mehr ältere Paare wohnen alleine und ohne engere Verwandtschaft in ihrer Wohnung, letztlich bleiben immer öfter – nach dem Tod von Partner oder Partnerin – Ein-Personen-Haushalte übrig. In manchen Städten gibt es bis zu 40 Prozent Ein-Personen-Haushalte. (Nicht alle sind ältere Menschen, das ist wahr, aber doch nicht wenige.)

Damit kein falscher Eindruck entsteht: Die Familien sind der stabile Kern unserer Gesellschaft. Man hat und hält Kontakt. Man tauscht sich aus. Man kümmert sich. Man hilft sich, so gut man kann. Aber in zahlreichen und immer mehr Fällen lebt man nicht im selben Haus oder so dicht beieinander, dass man sich alltäglich konkret unterstützen kann. Das hat erhebliche Konsequenzen. Auch weil, deutlich öfter als in den Generationen davor, Frauen und Männer berufstätig sind und sie mindestens schwierigere Phasen bei pflegebedürftigen Anverwandten nicht oder nur bedingt helfend begleiten können. Oder – auch das ist ein wachsendes Problem – sie versuchen, Beruf und häusliche Pflege, beides, bewältigen zu können, und riskieren selbst Überlastung und gesundheitliche Schäden. Bei der laufenden Debatte zur KAP (Konzertierte Aktion Pflege), die im Sommer 2019 Handlungsvorschläge vorlegen will, ist das Problem im Mittelpunkt, die Pflegeberufe aufzuwerten und zu stabilisieren und genügend Nachwuchs zu gewinnen für eine Aufgabe, die unverkennbar stark wachsend ist.

Dieser Ansatz ist zentral. Er muss aber ergänzt werden um bessere Bedingungen für die häusliche Pflege. Ein großer Teil der Pflege erfolgt nämlich zuhause. Wenn dieser Bereich deutlich schrumpft, weil die infrage kommenden Personen dies faktisch nicht mehr leisten können oder es sie in den Familien überhaupt nicht mehr gibt, wird die Pflege in Heimen oder durch ambulante Dienste vor zusätzlichen riesigen Herausforderungen stehen.

Die Aufgabe, die diesbezüglich dringend angegangen werden muss: Pflege zuhause mit wesentlichem Einsatz von Verwandten oder nahen Bekannten muss im Sinne von »Familien-Pflegezeit« stabilisiert werden. Das ginge mit einem verbindlichen Rechtsanspruch, für begrenzte Zeit, für Frauen und Männer, auf Freistellung oder Teilzeitbeschäftigung und einem angemessenen staatlichen finanziellen Ausgleich für diese Zeit. Dem Sinn nach vergleichbar der Kindererziehungszeit für Eltern.

Bedingung kann eine kompakte Pflegeunterrichtung durch qualifizierte Kräfte vor Ort oder in einschlägigen Seminaren sein. Rentnerinnen und Rentner, die in der Familie Pflegeaufgaben ab einer höheren Bedarfsstufe übernehmen, könnten dafür vergleichbare zusätzliche Bezahlung erhalten. Auch hier sollte eine Qualifizierungsmaßnahme Standard sein.

Bei dieser Problematik wird noch einmal deutlich, wie wichtig im Älterwerden belastbare soziale Kontakte sind. Das gilt insbesondere für die Phase, in der erste Unterstützungsbedarfe auftreten. Die niedrigschwellige Hilfe – Einkaufen, Termine, Mobilitätshilfe, Ordnung in Wohnung und Haus u. a. – kann als haushaltsnahe Dienstleistung stärker als bisher dazu beitragen, insbesondere alleinstehende ältere Personen in ihrem

Alltag zu stabilisieren, und sollte in geeigneter Weise populär gemacht und gefördert werden.

Darum müssen wir Älteren uns aber auch selbst bemühen. Freundschaften und Bekanntschaften und regelmäßige Kontakte mit anderen, auch älteren Menschen in Vereinen, Gruppen, Clubs oder unmittelbar sind keine Familie, aber doch mehr als nur beliebig. Sie sind die Gelegenheit, sich zumindest im Alleinsein helfend zu begleiten und Einsamkeit vorzubeugen, und das ist wichtig. Denn Einsamkeit ist eine Krankheit, die sehr schlimm sein kann. Soziale Kontakte sind ein gutes Gegengift, sie stabilisieren den Alltag. Menschen brauchen Menschen.

Menschen brauchen aber auch soziale Sicherheit. Auch im Rentenalter. Ordentliche Löhne und soziale Sicherungssysteme garantieren das. Aber nicht bei allen Menschen sind diese Voraussetzungen gegeben. Deshalb haben wir 2003 die Grundsicherung im Alter eingeführt. Das hilft seitdem besonders zahlreichen Frauen mit unzureichender Witwenversorgung. Die »verschämte Altersarmut« konnte so abgebaut werden. Mehrere Milliarden werden jährlich als Grundsicherung aus der Steuerkasse gezahlt. Das System muss zeitgemäß weiter ausgebaut werden. Denn stärker noch als zuvor zeigt sich die fatale Wirkung niedriger Löhne. Sie untergraben den Anspruch auf soziale Sicherheit im Alter. Sittenwidrig niedrige und sittenwidrig hohe Löhne sind mit einer sozialstaatlichen Politik unvereinbar und müssen bekämpft werden.

II. AKTIV UND ENGAGIERT BLEIBEN

Unser Grundgesetz gilt für alle Altersgruppen. Solange unser Kopf klar ist, sind wir mitverantwortlich für das, was mit uns, in unserem Umfeld und in unserem Land geschieht. Alter ist keine Ausrede für Desinteresse und Weggucken. Wir dürfen uns einmischen und sollen das und müssen das auch. Wir haben nicht recht, weil wir älter sind und alt, aber wir haben auch nicht unrecht, weil wir älter sind oder alt. Wir sind nicht mehr so schnell, aber wir kennen bekanntlich die Abkürzungen und das ist nützlich.

Neu ist das nicht. Immer schon gab es neben dem privaten und beruflichen Leben ein gesellschaftliches, das unreglementierter war als der Beruf, wohl auch unverbindlicher, aber doch von hoher Relevanz, für das Individuum und die Gesellschaft. Der Bezug richtet sich hier aufs Industriezeitalter und die lange Periode davor, die geprägt war von sesshaften Bauern und Dienstleistern. Vor dieser langen Periode wiederum werden Jagd-, Fang-, Wander-, Familien- und Kriegszeiten kaum Platz gelassen haben für ein geordnetes Nebeneinander von Privatheit und Beruf und »Gesellschaft«.

Wohin wir uns heute mit unserer Lebenszeit bewegen, das füllt die Köpfe der Wissenschaft und dicke Bücher. Für uns ist hier wichtig, dass wir die Tendenz erkennen und wissen, wir können sie nicht aufhalten, aber wir können sie gestalten, etwas oder mehr.

Wir sind nicht nur viel mehr Menschen als noch vor 100 Jahren, statt 1,5 Milliarden jetzt rund 7 Milliarden, und viele von

uns werden noch die/den 10.000.000.000. ErdenbügerIn be-
grüßen, nicht lange nach 2050, wenn die Prognosen stimmen.
Wir leben unterschiedlich lange in den reichen und in den
armen Ländern, unterschiedlich in den reichen und in den är-
meren Stadtteilen, aber alle länger. Mit den Veränderungen
der Lebens- und Arbeitsbedingungen und mit der Steigerung
der Produktivität haben wir Menschen verfügbare individuelle Zeit gewonnen. Unterschiedlich viel und mit unterschiedlichen Konsequenzen. Aber eindeutig ist: In unserem längeren
Leben brauchen wir weniger Zeit für die Sicherstellung von
Nahrung, Wohnung, Kleidung und Daseinsvorsorge. Die Wochenarbeitszeit sank in Deutschland von 48 Stunden (1954) auf
gut 36 Stunden je Woche heute und wird weiter sinken. (Die Bedingung heißt: bei vollem Lohnausgleich.)

Die Lebensqualität, die wir suchen, hängt wesentlich auch
davon ab, was wir mit dieser und in dieser gewonnenen Zeit
tun. Der Blick auf unsere Lebenszeit wäre jedenfalls verfälscht,
wenn wir die Berufslebenszeit zum Kern des Lebens machten,
die Zeit davor zur Vorbereitungszeit und die Nachberufszeit
zum entkernten Rest des Lebens. Man stutzt: Das Gedanken-
muster kommt einem bekannt vor. Genauso wird oft geredet.
Alarm! Auf unser Thema bezogen gilt jedenfalls: Das Renteneintrittsalter ist nicht die Tür ins Unverbindliche und Belie-
bige. Die Lebendigkeit unserer Demokratie, ihre Substanz und
ihre Fähigkeit zu Prosperität und Solidarität der Gesellschaft
wären sonst in Gefahr. Unsere eigene Lebensqualität in hohem
Maße auch. Wir sind nicht allmächtig, was unser eigenes Leben
angeht und den Wandel der Dinge, aber wir haben vieles selbst
in der Hand. Das gilt für uns ganz persönlich und auch für unser Zusammenleben in unserer Gesellschaft, in unserem Land
und der globalen Welt.

Mit 60 Jahren fängt heute das vierte Viertel des individuellen Lebens an, Tendenz: das dritte Drittel. Das sind Veränderungen von größter Wucht. Wenn wir das »Mehr« an gestaltbarer

Lebenszeit als beliebiges Abfallprodukt von Rationalisierung und Digitalisierung missachten – und allzu oft hört sich das noch so an –, irren wir uns nicht einfach nur, sondern verkennen die Konsequenzen für das menschliche Leben und gefährden vieles, was uns wichtig ist.

Im Schweiße unseres Angesichts sollen wir unser Brot essen, wurde uns mitgeteilt. Also: Anstrengung. Das wird so bleiben, wenngleich sich da sofort die Frage auftut, ob dann alle noch das Recht haben sollen zu arbeiten, sich anzustrengen. Die Propheten des bedingungslosen Grundeinkommens sind ja gerade dabei, böswillig oder ahnungslos, das Menschenrecht auf Arbeit zu halbieren. Denn das wird sich bald herumsprechen im Falle des Falles: Wer sowieso auf »bGru« setzt, der muss erst gar nicht das teure Studium machen, da reicht die normale Alphabetisierung.

Zu polemisch? Nun ja. Das Wachrütteln muss ja mal beginnen. Aber es soll denn auch hier gut sein damit, und ich komme auf die Überschrift zurück – »aktiv und engagiert bleiben«.

Eigentlich ist die Ausgangslage dafür doch recht gut. So viele freiwillig gesellschaftlich engagierte Frauen und Männer, junge bis alte, gab es noch nie in Deutschland. Es sind Lust am Engagement, Solidarität, Pflichtbewusstsein, Leistungsbereitschaft, Verantwortung, die sich da spiegeln. Fassen wir also Mut. Es bestanden und entstehen freiwillig Vereine und Initiativen, Tanz- und Selbsthilfegruppen, Krankenpflegedienste und Hilfsorganisationen. Teils mit hauptamtlichem Kern und vielen Freiwilligen, Ehrenamtlichen, teils ohne Amt. Die Freiwillige Feuerwehr in unseren kleinen Kommunen ist ein Paradebeispiel und unverzichtbar. Jugendbetreuer in Sportvereinen und ambulante Hospizdienste und Flüchtlingshilfen und »Grüne Damen und Herren« der Diakonie an Krankenbetten auch. Rund 30 Millionen Menschen sind in Deutschland aktiv dabei, wenn es um zivilgesellschaftliches Engagement geht und Ehrenamt. Es gibt auch eine ernsthafte Diskussion, was denn nun eigentlich der richtige Begriff ist: zivilgesellschaftliches Engagement oder Ehrenamt. Manchen ist das Wort Ehrenamt zu ehrpusselig, anderen das zivilgesellschaftliche Engagement zu politisch-technokratisch. Manchen ist es eigentlich egal, wie das heißt. Dieser Gruppe schließe ich mich gerne an. Es passiert nichts Gutes, außer man tut es.

Die 30 Millionen sind jedenfalls Treibstoff für unsere Lebensqualität, Kitt der Gesellschaft. Wir messen unseren Wohlstand gerne am Bruttosozialprodukt, an den Mehrwerten, am Geldertrag. Das ist natürlich hochwichtig, keineswegs überflüssig. Aber ohne das permanente Gewusel dieser 30 Millionen wäre unsere Lebensqualität schockierend niedriger. Engagement und Ehrenamt sind unentbehrlich, sind Gold wert. Sie sind auch ein Teil unserer Demokratie. Denn Demokratie ist Lebensform, ist mehr als nur verfasster Staat. Und die Rechte und Pflichten, die sich aus dem Grundgesetz ergeben, gelten unabhängig vom Alter für alle, die dazu gesundheitlich in der Lage sind. Sie beginnen früh und sie bestehen im Älterwerden und Altsein weiter. Solange der Kopf klar ist, bist du mitverantwortlich für das, was geschieht. Nach uns die Sintflut – das gilt nicht.

Der Staat seinerseits kann ziviles Engagement wertschätzen, er kann es versichern gegen Unfälle, kann hier und da geringe pauschale Unterstützung geben. Am wirkungsvollsten ist das im Sozialbereich, wo schmale hauptamtliche Stationen viel Ehrenamtsarbeit strukturieren können. Haupt- und Ehrenamt sind jedenfalls keine Gegensätze. Und es kann auch die Ehrenamtsbörse bei der Kommune sein, die Angebot und Nachfrage hier koordiniert. Dass mit der Wehrpflicht der zivile Ersatzdienst entfiel, hatte seine Logik. Ich hätte beides gerne behalten. Der dann gestartete Bundesfreiwilligendienst ist hinter den Erwartungen zurückgeblieben. Das Thema ist wieder auf dem Tisch, und man wird sehen, was daraus wird. Alles mal eben rückabwickeln wäre nicht einfach und dürfte wenig

Aussicht auf Verwirklichung haben. Aber dass alle Bürgerinnen und Bürger, manche früher, manche später, einen sinnvollen freiwilligen Dienst leisten können sollten, der Gedanke gefällt mir sehr. Einen Dienst, der mehr ist als ein Schnupperkurs und deshalb rentenwirksam und mit einer Vergütung ähnlich dem BuFDi. Zu tun gibt es in der und für die Gesellschaft so manches. Übrigens für alle Altersgruppen, nicht nur für die vor dem Berufseinstieg. Und vielleicht ja als europäisches Projekt, bei dem interessierte EU-Mitgliedstaaten miteinander kooperieren. Ehrenamt kann früh beginnen und bis ins höhere Alter attraktiv bleiben.

Ich war mit sechzehn Jahren Pfarrjugendführer bei St. Johannes Sundern, organisierte Jungschar-Abende, und einmal jährlich leitete ich ein Zeltlager für einen Bus voller Jungs, so 8. Klasse. Heute wäre ich vorsichtiger als damals. Ob wir hinreichend versichert waren, weiß ich nicht. Ich hoffe, irgendwer noch unterhalb des Himmels hat seine schützende Hand über uns gehalten. Es ist einigermaßen gut gegangen. Ich war dann bei der Gründung der örtlichen Volkshochschule aktiv, mit 25 Jahren in der örtlichen Sozialdemokratie und mit 29 im Gemeinderat. Ich erlebe heute vielerorts, dass die Ehre, dem Rat anzugehören oder auf Parteitagen mitzustreiten und mitzuentscheiden über den Weg, den wir künftig gehen wollen, wenig bewusst ist. Politik vor Ort mitzugestalten, das ist aber ein ganz wichtiges Ehrenamt, eine tragende Säule unserer Demokratie. Das ist nicht nebensächlich. Das gilt auch für die Kreise und Regionen. Die Frauen und Männer, die da aktiv sind, investieren viel von ihrer Zeit in diese Aufgabe. Respekt! Sie sind tausendmal gerechtfertigter in dem, was sie tun, als all die Schlaumeier, die den Mund aufreißen bei allem, was anscheinend oder scheinbar nicht klappt, die aber nicht bereit sind, selbst die Ärmel hochzukrempeln und ihre Freizeit einzubringen, um die großen und kleinen Fragen unseres Zusammenlebens vernünftig zu regeln. Demokratie ermöglicht

Teilhabe, sie braucht aber auch Teilnahme. Das erlebt man: Mit zunehmender Entfernung von Ereignissen steigt die Zahl der Klugen und Mutigen, die damals schon alles besser gewusst haben und nicht verstehen, dass andere das nicht auch gemerkt haben. Ich weiß im Nachhinein auch so manches besser. Also macht man die Probe aufs Exempel und fragt sie: Und was jetzt? Was heute? Was muss passieren? Dann werden sie schmallippig oder schwadronieren drauflos und schrumpfen auf Bonsai-Statur. Es bleibt dabei: Es ist wichtig, wenn die Gedanken frei sind. Aber das ersetzt nicht das Handeln, auch nicht die zähen Themen und kleinen Schritte. Wir brauchen auch hier Mut zur Verantwortung und die Kompetenz, die man gemeinhin durch Übung gewinnt. Übung macht den Meister – das ist keine Binsenweisheit.

Die politischen Parteien haben nach unserem Grundgesetz die Aufgabe, bei »der politischen Willensbildung des Volkes mitzuwirken«. Parteien sind nicht der Staat, dürfen sich in der Demokratie auch nicht als solcher gebärden. Parteien sind vor allem die Brücke zwischen verfasstem Staat und Gesellschaft. Und um diese Gesellschaft und ihre Millionen Menschen geht es. Es ist kein Zufall, dass in unserem Grundgesetz in den ersten 19 Artikeln »Die Grundrechte« angesprochen sind, nach der Rechtsverbindlichkeit der Grundrechte die Würde des Menschen, die Freiheitsrechte, der Anspruch auf Unversehrtheit, die Glaubens- und Gewissensfreiheit und die Freiheit der Meinung, der Kunst und der Wissenschaft, die Bedeutung der Familie und des Schulwesens, die Versammlungs- und Koalitionsfreiheit, das Briefgeheimnis und die Freizügigkeit, die Unverletzlichkeit der Wohnung und des Eigentums, die Staatsangehörigkeit und das Asylrecht und einiges mehr. (Einschub: Ich freue mich, wenn bald mal der Artikel 10 (1) komplettiert wird und dann heißt: Das Briefgeheimnis sowie das Post- und Fernmeldegeheimnis sind unverletzlich. Das gilt analog auch für digitale Post.«)

Erst der Artikel 20 Grundgesetz stellt dann fest: Die Bundesrepublik Deutschland ist ein demokratischer und sozialer Bundesstaat.

Diese Gewichtung am Anfang des GG ist anders als in der Weimarer Verfassung, die aber insgesamt respektabel war und nicht der Grund für den Niedergang jener ersten deutschen Demokratie. Die Gewichtung heute ist auch Ausdruck dessen, dass der Staat sich seiner dienenden Rolle bewusst ist und dass es in der Politik nicht primär um den Staat geht, sondern um die Menschen, die in diesem Land leben. Und diese Menschen können und müssen die demokratische Gesellschaft mitgestalten, wenn sie eine Chance haben soll, zu gelingen.

Eine der größten und wirkungsvollsten Bürgerbewegungen unseres Landes sind die Hospiz- und Palliativdienste, die sich in den letzten Jahrzehnten gebildet haben und die Millionen Menschen Hilfe und Trost in schweren Lebensphasen geben. Und deren Angehörigen oft auch. Sie sind in diesem Buch an anderer Stelle ausführlicher angesprochen in ihrem Wirken. Aber wenn von gesellschaftlicher Solidarität die Rede ist, wie in diesem Kapitel auch, dann müssen sie noch einmal erwähnt sein. Dank und Respekt allen, die da mitmachen.

Aber das Ehrenamt kann ja auch Patenschaft heißen. Da gibt es gute Beispiele von Menschen, die in Schulen und Kindergärten gehen und »Patenkindern« über Monate und Jahre helfen, die Schule erfolgreich abzuschließen und einen guten Berufseinstieg zu finden. Gut 50 Prozent aller dieser Versuche gelingen, sagen die Fachleute. Bei rund 40.000 bis 50.000 Kindern, die jährlich die Schulen ohne Abschluss verlassen, ist das ein dringend nötiger und toller Erfolg. Denn Gerechtigkeit in der Gesellschaft beginnt bei den Kindern. Da geht es darum, Talente zu locken und Fähigkeiten zu entwickeln, junge Menschen zu befähigen, sich in unserer Gesellschaft bewähren zu können. Befähigungsgerechtigkeit nennen das manche – ich finde, das ist ein gutes Wort.

Es gibt deutsche und es gibt Zuwanderer-Familien, die (noch) nicht in der Lage sind (sein können), ihren Kindern die nötige Unterstützung für die Schule und den Berufseinstieg zu geben. Hier entscheidet sich aber oft schon, ob Kinder und Jugendliche überhaupt je eine realistische Chance bekommen. Bei vielen ist es sonst zu spät. Wer die Schule ohne Abschluss verlässt, lebt mit der bitteren Gewissheit, nur sehr schwer einen auskömmlichen Beruf zu finden. Über 30 Prozent von ihnen, so sagen Statistiken, finden in ihrem Erwerbstätigenalter niemals (!) einen stabilen Arbeitsplatz, der ihm oder ihr oder gar einer Familie einen ausreichenden Lebensunterhalt sichert. Damit darf sich unsere Gesellschaft nie abfinden. Arbeit ist ein Menschenrecht und keine Fron, der man sich möglichst entziehen sollte. Hilfe beim Schulabschluss, wo sie nötig ist, und eine realistische, aber intensive Berufsorientierung sind die Grundlagen für eine stabile und solidarische Gesellschaft und entscheiden über die Lebenschancen der Nachgeborenen.

Familie und Lehrer, Verwandte und Bekannte, Freunde und Experten sind da angesprochen, aber auch wir Rentnerinnen und Rentner mit unserem Wissen und Können und unserer Erfahrung. Da gibt es ein beachtliches Potenzial, das ehrenamtlich, aber auch an Schulen und in Unternehmen für alle sinnvoll genutzt werden kann. Nicht jeder ältere Mensch will dann noch und kann dann noch in solchen Aufgaben beratend und fördernd aktiv sein, aber nicht wenige doch. Da ist noch was möglich. Die Wahrheit ist: Wenn wir Maschinen wären, würde man uns nicht stilllegen zum Stichtag, sondern einladen, noch aktiv zu bleiben, und aktiv sein im Älterwerden nutzt nicht nur den Hilfebedürftigen, sondern auch den aktiven älteren Helferinnen und Helfern. Alle Beteiligten gewinnen dabei.

Die Einsicht wächst: Die Willkür des punktgenauen Renteneintrittstages ist ein fragwürdiges Überbleibsel einer auslaufenden Epoche und nicht menschenkonform. Vor 150 Jahren gab es ein solches Datum noch nicht, und in 150 Jahren wird es eine vage Erinnerung an diese seltsame Wegmarke in der Entwicklung der Menschheitsgeschichte sein. Für heute gilt schon: Man sollte auf keinen Fall ignorant in diese Phase, die wir Rente oder Ruhestand nennen, hineinstolpern. Eine interessierte Vorbereitung auf die neue Lebensphase ist sinnvoll. Denn es geht um zwanzig bis dreißig Prozent der individuellen Lebenszeit. Daraus kann man mehr machen, als passiv abzuwarten. Wer sich am Tag X nicht darauf zurückzieht, den Lebenstank leerzufahren, und wer beschließt, nicht ziellos, sondern aktiv am Leben teilzunehmen, der tut Gutes auch für sich selbst. Lebensqualität ist auch im Älterwerden machbar. Aktiv bleiben hilft, gut älter zu werden. Garantien gibt es für niemanden, und totale Sicherheit bekanntlich nirgendwo. Aber die Chancen sind erkennbar groß, und weshalb sollte man darauf verzichten.

Die Sache mit dem Ehrenamt betrifft zwei Seiten, die gleichermaßen aktiv werden müssen, wenn was Gutes daraus werden soll: die *Gesellschaft,* aus deren Mitte sich Gruppen/Initiativen/Organisationen/Maßnahmen/Projekte bilden für ein gemeinsames Handeln, und die *Individuen,* die selbst aktiv werden oder die sich einklinken und mitmachen.

Wenn man das selbst erlebt, weiß man es bald zu schätzen. Ich erlebe es zum Beispiel beim Arbeiter-Samariter-Bund Deutschland, der beides ist, eine große Hilfsorganisation und ein großer Wohlfahrtsverband, gute 130 Jahre alt. Er wurde in Berlin gegründet, um bei Arbeitsunfällen schnell und sachkundig Erste Hilfe leisten zu können. Die Helferkolonnen, die sich an Baustellen und in Betrieben bildeten, bauten aus Fahrrädern Pritschen, auf denen Verletzte transportiert werden konnten. Eine ärztliche Notversorgung am Unfallort gab es bis dahin noch nicht. Aber Soforthilfe war erkennbar wichtig. Daher stammt das ASB-Grundmotiv: Wir helfen hier und jetzt.

Als die Unfälle am Arbeitsplatz Dank eines besseren Arbeitsschutzes über die Jahrzehnte weniger wurden, nahmen die Unfälle beim steigenden Automobilverkehr auf den Straßen kräftig zu. So wuchs beim ASB die »Blaulicht-Fraktion« heran, mit Rettungsdienst, modernen Rettungsfahrzeugen und qualifizierten Besatzungen, die auch heute so manches Leben retten. Der schnelle und qualifizierte Rettungsdienst ist aber längst auch Alltag bei Unfällen zuhause, deren Zahl steigt. Die Zeiten und die Umstände wandeln sich, das Motto bleibt richtig: Helfen – hier und jetzt!

Der ASB ist aber auch ein Wohlfahrtsverband. Er betreibt also Pflegeheime, Kindertagesstätten, tagesstrukturierende Einrichtungen für Pflegebedürftige und Menschen mit Behinderungen sowie Menschen mit Demenz. Er ist der Zusammenschluss von 212 regionalen Verbänden und gliedert sich in Landes-, Regional- und Ortsverbände. Seine beiden Bundesgeschäftstellen hat er in Köln und Berlin. Mit rund 40.000 hauptamtlich Beschäftigten, über 1,3 Millionen fördernden Mitgliedern und rund 20.000 ehrenamtlichen Helferinnen und Helfern ist er für viele Menschen ein verlässlicher Partner. Zum Angebot gehören auch die bald 22 »Wünsche-Wagen«, die bei den ASB-Landesverbänden stehen. Sie haben sich zum Ziel gesetzt, sterbenskranken Menschen ehrenamtlich einen letzten Wunsch zu erfüllen, der sich auf einen Ort bezieht, der ansonsten für sie nicht mehr erreichbar wäre. Sie fahren noch einmal ans Meer, zur Familie, in die Berge, in den Zoo, ins Stadion oder zu Kulturveranstaltungen. Über 900.000 Menschen sterben jedes Jahr in Deutschland. Mit den aus Spenden und Mitgliedsbeiträgen finanzierten Wünsche-Wagen und dem Einsatz der Ehrenamtlichen, die sie fahren und begleiten, erreichen wir davon kaum 0,1 Prozent. Aber darum geht es nicht. Es kommt auf jeden einzelnen Menschen an. Und daran orientiert sich der ASB. Das ist die Messlatte für unser Handeln. Es fühlt sich für mich gut an, für einige Jahre Präsident einer solchen Organisation sein zu dürfen, ehrenamtlich. Vor mir waren das Annemarie Renger, Bundestagspräsidentin und erste

Frau auf diesem Platz von 1972 bis 1976, und Norbert Burger, der ehemalige Oberbürgermeister von Köln. Die Idee hat Tradition und bleibt in all ihrem Wandel zeitgemäß. Der Arbeiter-Samariter-Bund ist auch engagiert, wenn irgendwo in der Welt besondere Ereignisse besondere Hilfe erfordern. Ob nach Wirbelstürmen, Erdbeben oder Tsunami, während Hungersnöten oder Krisen, die ehrenamtlichen Nothelfer sind zur Stelle, um schnell und kompetent zu helfen. Die Rettungshunde, die Verschüttete aufspüren, sind keine verspielte Nebensächlichkeit, sondern retten Menschen in höchster Not. Wie gesagt: Es kommt auf jeden Einzelnen an. Wir versuchen, dem gerecht zu werden. Ein gutes Beispiel für organisierte Solidarität. Wer helfen will, ist stärker, wenn er sich mit anderen verbündet und seine speziellen Fähigkeiten voll einbringen kann: Ideen und Tatkraft, Organisation und Spezialkenntnisse, Zeit und Geld – in dieser gebündelten Vielfalt liegt die Kraft dieses Engagements, für alle (!) Altersklassen. In der Zeit des Nationalsozialismus war der ASB verboten, in der DDR wurde er nicht wieder zugelassen, er hat eine demokratische und soziale Tradition und ist überparteilich und überkonfessionell. Deshalb gehören Vielfalt und Buntheit, Spontaneität und Verlässlichkeit selbstverständlich zu unserer Aktivität dazu. Wir wollen Teil der solidarischen Gesellschaft in einer lebendigen Demokratie sein. Dazu brauchen wir alle, Hauptamtliche und Ehrenamtliche: Ohne die Ehrenamtlichen wäre so manche soziale Tat nicht möglich. Der ASB ist ein Beispiel dafür, was in unserer Zivilgesellschaft heute und in Zukunft an Engagement erforderlich ist. Und möglich.

Dabei ist es wichtig, dass auch junge Menschen den Weg ins zivilgesellschaftliche Engagement finden. Ich freue mich, dass es eine aktive Arbeiter-Samariter-Jugend, die ASJ, gibt, die Erste Hilfe lernt und praktiziert und die auf solidarische Gesellschaft setzt. Das sind Kinder dieser Zeit, die einen verlässlichen Kompass haben und Bereitschaft zum Handeln.

Die demografische Entwicklung – höhere Lebenserwartung, veränderte Altersstrukturen, Wanderung – bringt für Politik und Gesellschaft neue Aufgaben oder doch neue Schwerpunkte in der Arbeit mit sich. Die geburtenstarken Jahrgänge von etwa 1950 bis 1965 wachsen zunehmend ins Rentenalter, relativ geburtenschwache Jahrgänge kommen an den Arbeitsmarkt, und damit stellen sich neue Fragen zu Wohnkosten und Immobilienwerten, zu Wohnungsmangel und Leerständen, zur Verlässlichkeit der allgemeinen Daseinsvorsorge und zu Angeboten im Gesundheitswesen und insgesamt zur Gleichwertigkeit der Lebensverhältnisse überhaupt. Aufgaben der Integration kommen hinzu.

In diesem wirkungsmächtigen Wandel kommt der Frage erhöhte Bedeutung zu, wie die große Kohorte der Älteren heute und morgen leben will – und was sie selbst dazu beitragen kann und faktisch auch tut. Das Land und wir selbst blicken gespannt auf eine bisher so noch nie erlebte Konstellation mit offensichtlich vielen Bedarfen und Problemen, aber auch Potenzialen und Chancen.

Diese Entwicklung beschäftigt uns auch in der BAGSO (der Bundesarbeitsgemeinschaft der Senioren-Organisationen e. V.). Wir haben keine Einzelmitglieder, sondern Organisationen und Vereine als Mitglieder, insgesamt 120, langsam wachsend. Die Mitglieder unserer Mitglieder sind mehrere Millionen Menschen im Rentenalter. Und es werden ohne Werbung jedes Jahr mehr, denn die Lebenserwartung steigt, und von den älteren Generationen sind viele Mitglieder in Vereinen und Verbänden, Gewerkschaften, Kirchen, Parteien, Selbsthilfegruppen und Patientenorganisationen.

Vor allem interessieren uns die Chancen des Älterwerdens. Und diese Chancen gibt es. Aber es geht auch um die Herausforderungen, die sich mit dieser Lebensphase verbinden. Als BAGSO sehen wir den Staat in der Pflicht, die Gesellschaft auch und jeden Menschen. Wir vertreten die Interessen der Älteren, wissen aber um unsere Mitverantwortung fürs Ganze. Wir wollen nicht, dass Generationen gegeneinander antreten oder geschoben werden oder dass eine Generation ihre Interessen zulasten anderer Generationen durchzusetzen versucht. Deshalb haben wir auch einen steten Blick auf die Interessenlagen der Kinder und der Jugendlichen und der Menschen im Erwerbsalter, auch der Menschen mit Behinderungen, der Einheimischen und der Zugewanderten. Wir sehen uns als einen aktiven Teil lebendiger Demokratie. Interessen offen vertreten ist Teil der Demokratie, Solidarität mit allen Altersgruppen üben auch.

Bei der BAGSO lerne ich im ganzen Land bei den unterschiedlichsten Gelegenheiten viele engagierte Menschen kennen, die sich vor Ort oder in ihrem Spezialgebiet kümmern. Mir macht das Mut! Das sind tolerante, interessierte, kluge, einsatzbereite, engagierte Frauen und Männer zwischen 60 und 90 Jahren, einige jünger, einige älter. Wir informieren und diskutieren, wir erarbeiten in Fachkommissionen Positionen zu wichtigen Zeitfragen für Ältere und sagen der Politik, wo wir Handlungsbedarf sehen. Vor der Bundestagswahl haben wir mit Wahlprüfsteinen die heute im Bundestag vertretenen Parteien auf besonders dringliche Aufgaben aufmerksam gemacht. (Außer der AfD haben uns alle geantwortet.) Die Freiheiten des Einzelnen im Sinne unseres Grundgesetzes und soziale Gerechtigkeit auf gutem Niveau, das sind die besonderen Herausforderungen in Richtung Politik, natürlich auch Frieden und die Demokratie als verfasste Ordnung und als Lebensform. Wir sagen deutlich, wo es klemmt, zurzeit mit besonderem Nachdruck im Bereich der stationären und der ambulanten Pflege.

Wir wissen aber auch, dass Solidarität in der Gesellschaft selbst vorhanden sein muss und nicht vom Staat verordnet oder gar erzwungen werden kann. Solidarität gibt es zwischen uns Menschen zuhause, im Betrieb, vor Ort, in der Gesellschaft.

Oder es gibt sie eben nicht. Und wir stellen uns dieser Herausforderung und unterstreichen dabei auch die dringende Notwendigkeit von zivilgesellschaftlichem Engagement. Nicht in allen Vereinen und Verbänden klappt das mit dem Nachwuchs und vor allem nicht mit der Bereitschaft, verantwortlich Funktionen zu übernehmen. Das muss uns Sorgen machen. Wandel ist da zwar nicht neu, es gab immer wieder ein Auf und Ab. Aber hier ändert sich einiges strukturell. Die sozialen Bindewirkungen der verschiedenen Organisationen und Gruppen sind kein Firlefanz, sondern sichern soziale Kontakte, die ihrerseits von zentraler Bedeutung sind. Ein Bereich der ehrenamtlichen Senioren-Arbeit soll besonders angesprochen sein. Er ist oft ein wichtiges Scharnier. Es gibt in zahlreichen Kommunen und Kreisen Seniorenräte und/oder Seniorenbeiräte unterschiedlichster Konstruktion. Das hat was mit Tradition und den unterschiedlichen Gesetzeslagen in den Bundesländern zu tun. Immer geht es darum, dass Frauen und Männer im Seniorenalter – gewählt oder berufen oder als Entsandte ihrer Vereinsstrukturen – sich um die Belange der Älteren in ihrem Quartier, ihrer Kommune kümmern und dem Rat sowie seinen Ausschüssen Ratschläge, Anregungen oder Forderungen vorlegen können. In den letzten 25 bis 30 Jahren wurde so eine Bürgerbeteiligung aufgebaut, die sich mit demokratischem Anspruch einmischen und engagieren kann zu allen wichtigen Fragen kommunaler Seniorenpolitik. Es gibt auch Landesseniorenvertretungen in den Bundesländern, die sehr wirkungsvoll arbeiten.

Die BAGSO repräsentiert so ein breites Betätigungsfeld für kommunal- und gesellschaftspolitisch aktive Seniorinnen und Senioren, die Teilhabe und Teilnahme praktizieren.

Natürlich bleibt es auch für ältere Menschen möglich und sinnvoll, direkt und unmittelbar in demokratischen Wahlen zur kommunalen, Landes- oder Bundesebene als Kandidatinnen und Kandidaten anzutreten. Wir sind gegen Altersdiskriminierung jeder Art, auch gegen Altendiskriminierung. Ältere haben in der Demokratie gleiche Rechte und Pflichten. Das gilt selbstverständlich auch für Menschen, die aus anderen Ländern zu uns nach Deutschland gekommen und inzwischen aktiv und passiv wahlberechtigt sind. Jeder und jede ist, unabhängig vom Alter, mitverantwortlich für das Gelingen unserer Demokratie.

Das Grundgesetz gilt für Menschen bis ans Lebensende. Unsere Demokratie braucht allüberall Frauen und Männer, die auf Selbstbestimmung pochen, aber dabei auch bereit sind, selbstverantwortlich zu leben und Mitverantwortung zu übernehmen. Selbstbestimmung und Mitverantwortung bedingen einander.

Auch beim Ehrenamt und dem zivilgesellschaftlichen Engagement gibt es Angebot und Nachfrage. Nicht immer findet sich sofort das, was man sich als Einsatzfeld wünscht. Man ist überfordert oder unterfordert, und Bürokratie gibt es hier viel. Aber wenn man gezielt sucht, findet sich meistens etwas:

Zum Beispiel beim Senior Experten Service (SES), wo Frauen und Männer mit Fachwissen und Qualifikation international oder im Inland auf Zeit eingesetzt werden. Sie beraten und unterstützen kleine Unternehmen, Verwaltungen und soziale Einrichtungen. Im Inland übernehmen sie Patenschaften für Schüler und Auszubildende. Patienten-Selbsthilfegruppen sind ein ganz anderer Ansatz, eine große Hilfe für Menschen und deren Angehörige, die sich zu ihren speziellen Problemen austauschen, Ratschläge geben und Mut aufbauen können.

Was gibt es noch?

Zum Beispiel die Betreuung der »Seniorensportgruppe Bewegungssport« im Verein oder auch frei, außerhalb. Sportvereine helfen beim Start. Der Landessportbund (LSB) Nordrhein-Westfalen hat in den vergangenen Jahren seine Anstrengungen intensiviert, in den Vereinen und Verbünden vor Ort Bewegungssport-Angebote für Seniorinnen und Senioren zu initiieren. Mit Erfolgen vielerorts. Das ist eine beispielhafte Kampagne, die Bewegung und Begegnung, Gesundheitsvorsorge und soziale Kontakte gleicherweise fördert. Oft wird diese Arbeit unterstützt von sachkundigen Trainerinnen und Trainern.

Ein anderes Beispiel ist der Mittagstisch – auf Rädern zum Essen – in über 100 Städten. Menschen, von denen die meisten sich vorher gar nicht kannten, treffen sich zum gemeinsamen Essen und zum Gespräch und prüfen, wann man sich wieder zum Essen treffen und was man sonst noch gemeinsam in der nächsten Zeit anstellen kann.

Oder: der 6er-Club. Es können auch vier oder fünf oder sieben oder acht sein. Oder, oder. Das sind Bekannte, Alleinstehende, die sich versprechen, sich täglich zu kontaktieren. Man trifft sich zum Kaffee und zum Plausch, ruft an oder besucht sich. Eine hohe Dichte sozialer Kontakte, die stabilisieren und im Notfall hilfreich sind.

Oder: Kontakte zu Schulen. Seniorinnen und Senioren können aus eigener Lebenserfahrung deutsche und europäische Geschichte vermitteln, als Zeitzeugen.

Oder: Gemeinsame Theaterbesuche oder Aktivitäten im Laientheater. Tanztreffs. Talent findet sich so ziemlich bei jedem für dies oder das. Und wirklich tausend andere Dinge. Auch das Leben im Älterwerden ist bunt!

Ein besonderes Beispiel ist die Deutsche Gesellschaft e. V. Berlin, wo Ältere und weniger Ältere und auch Jüngere gemeinsam sich an einer wichtigen Aufgabe versuchen.

Die Deutsche Gesellschaft e. V. engagiert sich im Sinne der Förderung politischer, kultureller und sozialer Beziehungen in Europa. Sie wurde als erster gesamtdeutscher Verein gegründet am 13. Januar 1990. Ziel war, beizutragen zur Überwindung der Teilung und zum Abbau von Vorurteilen und zur Förderung des Miteinanders in Deutschland und in Europa. Zu ihren Gründungsmitgliedern gehörten Willy Brandt, Lothar de Maizière, Johannes Rau, Sabine Bergmann-Pohl u. a.

Seit einigen Jahren kann ich dort ehrenamtlich mitwirken. In rund 700 Veranstaltungen jährlich organisiert die Deutsche Gesellschaft Informationen und Gespräche, Kontakte und Debatten, Rückblicke und Ausblicke zu Politik und Geschichte, Kultur und Gesellschaft in Deutschland und in Europa. Ich erlebe in der Arbeit dort mit großem Respekt den unverändert engagierten Einsatz für diese Sache.

Das führt aber auch zu Themen und Wahrheiten, die keineswegs ausgestanden sind. In den letzten Jahren hat sich die Deutsche Gesellschaft e. V. Berlin auch mit den Transformationsprozessen nach der Wiedervereinigung beschäftigt. Im Mittelpunkt stand das Thema »Elitenwechsel«, wofür eigens eine Arbeitsgruppe eingerichtet wurde, die sich mit den Fakten und Konsequenzen der Entwicklungen in den neuen Bundesländern auseinandersetzte. Die Führungskräfte in Wirtschaft, Wissenschaft, Justiz und Verwaltung kamen seit 1990 ganz überwiegend aus dem Westen Deutschlands in die Neuen Länder, teils gerufen, teils selbstinitiativ, denn die Führungen und der Nachwuchs in der DDR, den das dortige Kader-Nomenklatur-System auswies, waren – anscheinend oder scheinbar – für die Aufgaben in diesem Transformationsprozess nicht geeignet. Aber die Annahme damals, dass sich das über die Jahre weitgehend einpendeln und der Nachwuchs aus der Region zum Zuge kommen werde, hat sich nur unzureichend erfüllt. Viele Führungsfunktionen im Ostteil Deutschlands werden immer noch von Personen aus dem Westteil Deutschlands ausgefüllt. Das muss für den Osten in der Sache kein Nachteil sein. Aber es wurmt doch. Umgekehrt waren es von 1990 bis 2017 rund 2,2 Millionen Menschen, die vom Ostteil dauerhaft in den Westteil zogen, junge Menschen, viele junge Frauen. Ihre Kinder werden im Westen groß. Und der (oft noch so empfundene?!) Seitenwechsel hat ja 2017 nicht aufgehört. Es gibt inzwischen auch deutliche Gegenbewegungen, besonders was Berlin und die mittleren Universitätsstädte angeht. Aber hier bleibt eine weiche Stelle. Auch in solche Probleme kann die Arbeit im Ehrenamt führen.

Damit das nicht übersehen wird: Nicht nur wir Älteren sind prädestiniert für Ehrenamt und gesellschaftliches Engagement. Jede Altersgruppe wird gebraucht. Übrigens auch in der Demokratie. Auch in der praktischen und organisierten Politik. Auch bei der politischen Willensbildung im Lande. Auch bei der Wahl.

Aktion Wahlrecht mit 16 finde ich gut. Wir waren froh, als 1972 zum ersten Mal mit 18 gewählt werden durfte. Vorher lag das Wahlalter bei 21. Die meisten unserer heute 16-jährigen haben hinreichend politische Informationen, um urteilsfähig, also wahlfähig zu sein. Das gilt auch für Zuwanderer.

Auch Menschen, die zugewandert sind, müssen bald aktiver Teil der Gesellschaft sein können. Staatsangehörigkeit ist dafür nicht zwingend. Und doppelte Staatsangehörigkeit kein Hindernis. Menschen, die längere Zeit in unserem Land leben, müssen teilhaben und teilnehmen können am Leben und an den Entscheidungen, die unsere Lebensweise und -formen betreffen. Dazu gehören das aktive und das passive Wahlrecht. Vorzugsweise in unseren Kommunen. Das bewirkt keine Wunder, aber es macht die Integration greifbarer, glaubwürdiger. Und es hilft, auch diese Menschen beim zivilgesellschaftlichen Engagement einzubeziehen. Das gibt es teils schon, richtig, aber die Einladung könnte mancherorts deutlicher ausgesprochen werden.

III. STAATSANGEHÖRIGKEIT: DEUTSCH

Von meiner ersten Stunde an bis heute hatte ich – und sehr wahrscheinlich bleibt das so bis an mein Ende – den deutschen Pass. Ich habe immer in Deutschland gelebt in diesen über 79 Jahren. Ich spreche Deutsch und war – von 1975 bis 2013 – ein deutscher Politiker. Mehr Kontinuität geht ja eigentlich nicht. Aber es wurde doch komplizierter als zunächst gedacht, diesen Teil des Älterwerdens als Deutscher für meine Generation und mich zu beschreiben. Sicher gibt es Wissenschaftler, die mit der nötigen Akribie und größerer Objektivität als ich verdeutlichen können, was wir erlebt haben oder noch erleben könnten. Hier widme ich mich als Betroffener und Beteiligter dieser Sache. Ich weiß nicht, wann ich gelernt und begriffen habe, was die deutsche Nationalität ist und dass ich sie habe. Ich meine, mich an Gesprächszusammenhänge zu erinnern, in denen wir zuhause von »unseren Deutschen« sprachen und damit die Soldaten meinten, die im Krieg unterwegs waren. Papa war mit Rommel im Süden. Besser da als gegen die Russen vor Stalingrad, wohin er gemusst hätte, wäre ich nicht im Januar 1940 zur Welt gekommen. Ich denke: Krieg ist Krieg, aber auch im Krieg ist warm besser als eiskalt. Und wo mein Vater war, schien immer die Sonne, sagte meine Mutter. Und außerdem war er da fast in der Nähe von Nazareth, wo Jesus gelebt hatte, was vielleicht doch auch nützlich war. Einige Zeit nach Kriegsende kam die Nachricht, dass mein Vater in Bengasi in britischer Gefangenschaft sei. Wir, meine Mutter und ich, haben erst mal gemeinsam geheult, aber die Nachricht war doch um vieles besser als die, die nebenan bei den Schmitts ankam. Tante Schmitt hat sehr laut und sehr lange durchs ganze Haus geweint, denn ihr Mann war tot, teilten sie ihr mit. Gefallen. Und meine Mutter sagte, dass unsere Nachbarin ein Recht habe, sehr laut und lange zu weinen. Sie hat mir sehr leidgetan, und ich fand, dass wir unsererseits nun nicht mehr so traurig sein mussten. Mein Vater würde ja kommen. Wir mussten seit Kriegsende auch nicht mehr abends die Fenster akkurat verdunkeln, damit sie alliierten Flugzeugen kein Bombenziel boten, und die beiden Gasmasken, die seit einiger Zeit griffbereit auf dem Küchenschrank gelegen hatten, wurden in die letzte Ecke verbannt. Darüber war ich besonders froh, denn das Gummizeug stank beim Aufsetzen fürchterlich. Wenn wir draußen Flugzeuge näherkommen hörten, mussten wir Kinder uns nicht mehr schnell hinter Büschen verstecken oder in Häusereingänge drücken. Flugzeuge waren nun nicht mehr gefährlich. Prima. Mein weißer Matrosenanzug mit den blauen Leisten und der kleinen Holzflöte an der Kordel am Revers war mir inzwischen sehr knapp geworden. Also nicht schlimm, dass er aus der Mode war und irgendwo ganz hinten im Schrank verschwand. Wem hätte man den jetzt noch schenken können?

Der »verdammte« Krieg, sagten nun alle. Die Amis und die Tommys, die wir erlebten, in Panzern, dann in ihren Jeeps, machten uns keine Angst. Warum hatten wir mit denen Krieg gehabt? Ich verstand es nicht. Die Amis hatten weißes Brot und gaben uns manchmal eine dicke Scheibe davon oder ein Kaugummi. Sie sagten »Fackingbasta« zu uns und wir grüßten sie so zurück. Darüber freuten die sich und lachten. Und jeden Tag gab es die Mahnung zuhause, dann in der Schule: Nicht mit Munition spielen, denn die kann explodieren. Nachrichten über Kinder und Erwachsene, die unvorsichtig gewesen waren, gab es immer wieder. Finger, Hände, Beine wurden ihnen abgerissen, manche sind blind geworden.

Ich wusste schon länger, dass dieser Kriegsmist etwas mit Adolfittla zu tun hatte. Als ich in Vorbereitung auf meine Schulzeit das Buchstabieren lernte, half meine Mutter mir. Ich war ganz verwundert, dass es sich um Vornamen und Nachnamen eines Mannes handelte. Ich hatte mir darunter was anderes vorgestellt, irgendwas, Adolfittla eben. Keinen richtigen Menschen. Ein Bild von ihm hatten wir zuhause nie gehabt.

Wir wohnten in der Britischen Zone, das bekamen wir Kinder eingetrichtert. Man musste ja seine Heimatanschrift kennen. Falls man verloren ging oder Hilfe brauchte oder die Polizei einen erwischte. Die Briten waren nicht übel. Aber zunächst waren auch Amis da, und die waren cooler. Wenngleich, wir mussten ihnen ein paar Tage lang unsere Wohnung überlassen und nebenan im Keller leben. Das ging ja. Was ich schlimmer fand, war: Die Amis saßen in unserem offenen Küchenfenster und ließen die Beine herausbaumeln. Erwachsene Männer. Und rauchten und lachten laut dabei. Das hätte ich mal machen sollen. Am schlimmsten aber war: Ich hatte leider vergessen, mein Flohspiel mit zu evakuieren. Als wir nach wenigen Tagen in unsere Wohnung zurückkonnten, lag das Spiel ungeordnet herum und es fehlte ein kleiner roter Floh. Meine Mutter verbot mir, die Amis auf Deutsch laut zu beschimpfen. Es belastete aber meine Beziehungen zu ihnen. Mit der Zeit wurde ich wieder nachsichtiger, als nämlich Care-Pakete uns erreichten und wir 1946 in der Schule die Quäkerspeise in unsere Kochgeschirre bekamen. Manchmal Grießsuppe mit Rosinen. Manchmal Bouillon und Brötchen. Das mit dem roten Floh war verziehen. Ich ging gerne mit Kochgeschirr in die Schule. Piepers Else sorgte dafür, dass wir Kleinen auch Rosinen bekamen. Sie rührte im großen Kübeltopf, bis die Rosinen oben schwammen und schöpfte sie für uns ab.

Ein Bruder meiner Mutter lebte schon lange in den USA. Zwei weitere ihrer Geschwister und ein Vetter von mir mit seiner jungen Familie wollten auch dorthin auswandern. In den intensiven Gesprächen in der Familie ging es um Neustart und Zukunft und Chance und Deutschlands Elend. Ja, und wir sollten auch kommen. Nach Jacksonville, Florida. Aber mein Papa, der im Juni 1946 aus der Gefangenschaft kam, nach eineinhalb Jahren unter Palmen in Bengasi, wollte nicht. Es hatte die Nase voll von der Welt, in die sie ihn als Soldat geschickt hatten, die außerdem auch in Florida viel zu heiß sei, wie eben in Bengasi. Und er war Industriearbeiter, und die würden hier Arbeit haben. Er war damit vollauf zufrieden und wollte nicht anderen Leuten, auch nicht Amis, die Hausarbeit machen und dazu auf lächerlichen Rasenmähern – er konnte richtig mit der Sense mähen – und mit Strohhut durch deren Gärten hoppeln. Und außerdem sei er Deutscher. Punkt.

Wir waren nicht reich, aber es gab so ab 1949/50 doch wieder hinreichend zu essen und ein bisschen vom Lohn meines Vaters konnten wir zurücklegen.

Meine Mutter war zunächst enttäuscht über diese Entwicklung, aber das legte sich endgültig, als wenige Jahre danach mein Vetter Franz-Albert, der Sohn ihrer Schwester, die mit ihrer Familie und ihrem holländischen Mann in die USA ausgewandert war, in den Korea-Krieg musste. Darauf hätte ich auch keine Lust gehabt. Mein Vater fühlte sich noch mehr im Recht. »Was geht die Amerikaner Korea an?!« Und: »Deutschland darf jedenfalls nie wieder Männer in Stiefeln, Soldaten, in andere Länder schicken.« So gingen die Meinungen hin und her. Ich fand die USA generell und die Menschen dort in Ordnung, die uns geholfen hatten und halfen. Und irgendwann hörte ich auch, dass es einen Marshall-Plan gab für Europa und Deutschland, für uns Kriegsfeinde. Tolle Leute, Freundschaft war doch gut, fand ich. Weshalb nicht doch USA?

Allerdings fand ich die Position meines Vaters sympathisch, dass die Deutschen, wir, nun wahrlich genug in anderen Ländern gewesen seien. Und Deutscher war ich ja auch.

Und konnten die Amerikaner überhaupt Fußball spielen? (Ich war längst begeisterter Fußballer im Heimatverein TUS Sundern, Schüler, Jugend B, Jugend A) Man hörte ja alles Mögliche aus den USA, wirklich tolle Sachen, beeindruckend. Aber über Fußball hörte man nichts. Das musste man bedenken. Fußball war wichtig.

1954 gab es dann diese sagenhafte Weltmeisterschaft in der Schweiz, im Endspiel in Bern siegten unsere gegen Ungarn mit 3:2. Fußballweltmeister. Wir Deutschen waren wirklich wieder wer. Versehentlich hatten dann einige deutsche Zuschauer im Stadion jubelnd die 1. Strophe der Nationalhymne, die es als Nationalhymne nicht mehr gab, doch gesungen. Die Erwachsenen, darauf angesprochen, nuschelten irgendwas beiseite, unklar. Auf katholisch hieß das: Sünde ja, Todsünde nein. Der Herr wird's jedenfalls verzeihen.

Die deutsche Elf (Auswechselungen gab es noch nicht) von Toni Turek im Tor bis Hansi Schäfer auf Linksaußen kannte ich auswendig und konnte beschreiben, wie unsere Tore fielen und wir uns in die Arme. Aber klar, das konnten alle. Schwarz-rot-goldene Fahnen gab es wohl noch nicht wieder, das tat der Sache keinen Abbruch.

Wir hatten 1954 zuhause keinen Fernseher, aber es gab bald nach dem Ereignis einen ausführlichen Film über die Fußballweltmeisterschaft, eine Art Sonderwochenschau-Verschnitt über eineinhalb Stunden. Man wusste inzwischen alles dazu, wollte aber doch alles auch sehen und hören. Denn es war zu schön. Es war wohl das einzige Mal, dass ich mit meinen Eltern gemeinsam im Kino war, und eines der ganz wenigen Male, dass die beiden überhaupt im Kino waren.

Es war Begeisterung im Kinosaal zu hören, Geschrei und Jubel an den schönsten Stellen. Sicher war auch Alkohol im Spiel. Die Nationalhymne wurde nach meiner Erinnerung im Kino von den Besuchern nicht gesungen, im Filmausschnitt spielte die 1. Strophe keine Rolle.

Wir Jungs nannten uns beim Kicken Jupp Posipal oder Horst Eckel oder Helmut Rahn, die besonders Ehrgeizigen Fritz Walter oder Toni Turek. Unterdessen kaufte mein Vater von der Gemeinde ein Baugrundstück in einem neu aufgelassenen Baubauungsplan für eine neue Siedlung, 820 qm, 1 DM je qm. Bedingung: Das Grundstück musste innerhalb von drei Jahren bebaut sein, sonst fiel es zurück an die Gemeinde. 1956 im Herbst zogen wir in unser neues Haus. Mit dem Grundstückskauf 1954 war die Amerika-Idee ohne weitere Schmerzen definitiv geplatzt. Aber meine Mutter hatte ja auch noch sechs Geschwister in der Nachbarschaft und mein Vater fünf. Das reichte für Familie.

Zwischendurch war mein Vater aufgebracht über die Politik, die kommunale. Denn plötzlich wollte die Gemeinde auch noch zusätzlich zum Grundstückspreis Erschließungsbeiträge erheben für die Straße, die in der Siedlung gebaut wurde, mit Gehsteig. Das sei so üblich und Beschluss des Rates. Ich beendete eben meine Lehre als Industriekaufmann, hatte also ein wenig Diplomatie gelernt und gab Tipps für die Schlichtung. Es ging übrigens um 0,10 DM je qm, also rund 82 DM. Die Sache wurde entschärft mit Teilzahlung. Der Traum meines Vaters hatte sich erfüllt: ein eigenes Haus auf eigenem Grund und Boden mit Obstbäumen, Badezimmer und Ölheizung, 820 Quadratmeter gutes Vaterland. Sollte die Welt machen, was auch immer sie wollte.

Ja, Vaterland. Deutschland schwierig Vaterland. Inzwischen wusste ich, dass Deutschland 1938 einen Zweiten Weltkrieg (nach dem Ersten 1914–18) begonnen hatte, in dem über 60 Millionen Menschen starben. Und dass in dieser Zeit im Holocaust mehr als 6 Millionen jüdische Menschen ermordet wurden, weil sie Juden waren. Dass Sinti und Roma, dass Homosexuelle, dass Minderheiten drangsaliert und in großer Zahl ermordet wurden. Dass Hitler und die Nationalsozialisten geheim, also freiwillig, gewählt worden waren und sich keineswegs an die Macht geputscht hatten. Dass 1945 bei Kriegsende rund 8,5 Millionen Deutsche Mitglied der NSDAP waren, also erklärterweise Nazis. Dass mir, rein statistisch, täglich Hunderte Menschen begegneten, die diese Ungeheuerlichkeiten gestützt, bejubelt, aktiv mitgetragen hatten. Wieso taten alle so, als ob nichts wäre? Das alles wussten doch ganz viele.

Deutschland, Deutschland, über alles? – Auf keinen Fall!

1951 hatte es in der Bundesrepublik eine anonymisierte repräsentative Meinungsbefragung gegeben, deren Frage hieß: Wann ist es Deutschland in diesem Jahrhundert am besten gegangen? 45 Prozent entschieden sich fürs Kaiserreich, also vor 1918. 40 Prozent für die Zeit 1933 bis 1938. Das kannte ich aus so manchen Gesprächen, die ich miterlebt hatte. Die erste Demokratie, die selten so genannt wurde und wird, sondern im deutschen Sprachgebrauch »Weimarer Zeit« heißt, galt und gilt den meisten weiterhin als »verkorkster Versuch«. Wenn man nachhakt, wird schnell klar, dass die Kenntnis selbst zu den wichtigsten Eckdaten dieser Demokratie meist rudimentär ist. Die Hetzer gegen dieses kurze Stück deutscher Demokratie – die Nazis, aber nicht nur sie – nutzten die Zeit von 1933 bis 1938 für die Totaldiskreditierung dieser Phase. Dass in der Antwort der oben zitierten Meinungsbefragung die Zeit von 1933 bis 1938 und nicht bis 1945 als »die beste des Jahrhunderts« genannt wurde, machte das Desaster sehr deutlich, in dem wir uns in Deutschland-West in den 1950er- und bis in die 1960er-Jahre befanden. Eine große und mächtige Gruppe im Lande stimmte dem Start der Nazis immer noch zu. »Es gab Autobahnen, es gab Arbeitsplätze, die Großfamilien bekamen Eigenheime.« Dass die Demokratie zerschlagen wurde, dass die Juden diffamiert und dann attackiert und deportiert wurden, dass auch andere Minderheiten und überhaupt jeder, der gegen den Nationalsozialismus aufstand, verfolgt, verurteilt, eingekerkert, Zwangsarbeiter/in und gequält wurde – was war damit? Ja, nicht so schön, hörte man, aber auch: Das Positive überwog. Polen, Österreich, Frankreich, nicht so schlimm, den großen Krieg hätten sie lassen sollen, den gegen die Sowjets, schon weil man ihn nicht gewinnen konnte. Und vom Holocaust hätte man ja nichts gewusst. Wenn man genau zuhörte, intern und öffentlich, wusste man: Hätte Deutschland den Krieg gegen Russland gewonnen, wäre die ganze Zeit von 1933 bis 1945 für viele in der grünen Zone gewesen. Später, in den 1970er-Jahren, akzeptierte immer noch etwa die Hälfte der Bundesbürger die Feststellung, dass der Nationalsozialismus im Grunde eine gute Idee gewesen, aber schlecht ausgeführt worden sei.

So wurden wir älter, 20 Jahre alt, 25 Jahre.

Aber inzwischen waren wir Wirtschaftswunderland. Erst ging es etwas. Dann ging es. Dann besser. Dann gut. Dann richtig gut! Ein neues Stück deutsche Geschichte war im Gange, und das war in jedweder Weise angenehmer als die alten Geschichten. Hinter vorgehaltener Hand wurde gesagt: Deutschland muss nicht mehr in die Welt gehen, die Welt kommt wieder nach Deutschland. Das sagte doch alles.

Gegen Mitte der 1950er-Jahre – weniger als zehn Jahre nach Kriegsende – fehlte es in der Bundesrepublik an Arbeitskräften, trotz des Zustroms der Menschen, die aus den Ostgebieten vertrieben worden waren, trotz des immerwährenden Zustroms aus der DDR. Die Konjunktur schien unaufhaltsam zu sein.

Also konnten Arbeitnehmer aus anderen Ländern in die Bundesrepublik kommen, ordentliches Geld verdienen und auch den Gewinn unseres Landes steigern. Es gab Vereinbarungen mit ihren Ländern, und die Arbeitskräfte konnten erbeten oder beantragt oder eingeladen oder angefordert werden. Sie kamen nicht in Zentren, sondern gleich in die Betriebe. In dem kleinen metallverarbeitenden Betrieb, in dem ich nach drei Lehrjahren ab 1957 als Industriekaufmann arbeitete, waren auch bald einige. Etwa 10 Männer, Italiener, einer, der jüngste, sprach ein paar Worte Deutsch, Damiano. Wir lernten einige Brocken Italienisch, zuerst und ganz schnell »fumare divieto«, denn sie liefen mit brennenden Zigaretten sorglos durch die Lackiererei und an der offenen Verdünnung vorbei.

Wenn Lohntag war, kam Damiano mit einigen, manchmal allen seinen Landsleuten lamentierend ins Büro gerauscht und beschwerte sich temperamentvoll, vom italienischen Chor begleitet, wegen angeblicher Ungenauigkeiten in der Abrechnung, die auf der Lohntüte stand (ausgezahlt wurde selbstverständlich noch in bar). Zu wenige Stunden angerechnet, zu niedriger Stundenlohn, zu hohe Steuern. Wieso Krankenversicherung, man war doch nicht krank gewesen? Das dauerte immer eine gewisse Zeit, bis sie mehr oder weniger einverstanden und einsichtig waren und es für dieses Mal akzeptierten. Meine Geduld in solchen Situationen war meistens gut und ich wurde ein kleiner Schlichter. Ich mochte sie. Damiano hatte ich ohnehin im Verdacht, mit diesem monatlichen Palaver sich geschickt die nationale Führerschaft zu sichern. Sie lebten sparsam, blieben emotional im Süden Italiens, im Absatz des Stiefels zuhause und flanierten sonntags einfach-adrett durch unsere kleine Stadt. Freundlich. Sie sangen gerne. Einer von ihnen, der dem System unserer Sparkassen und Banken nicht traute, trug immer alles zurzeit angesparte Bargeld in der Hosentasche mit sich, kam aber nie in die Versuchung, etwas auszugeben. Sie waren als »Gastarbeiter« gekommen, und so verstanden sie sich auch. Sie erzählten begeistert von den schönen Anbauten und Neubauten zuhause, ihren Häusern, zeigten Fotos. Und so nach 15 bis 20 Jahren waren sie alle wieder in ihrer Heimat.

Einen anderen Status hatten von Anfang an die jungen Männer, die 1956/57 als Flüchtlinge aus Ungarn in unseren Ort kamen und zielstrebig darangingen, hier heimisch zu werden und zuhause zu sein. Integration wie von selbst. Arbeit, Heirat, Familie. Es war allerdings eine recht kleine Gruppe.

Es kamen Spanier, Jahre später Griechen, und sie wussten zu differenzieren und sich gegenseitig auf Distanz zu halten. Es menschelte. Man wusste sich voneinander zu unterscheiden. Die politischen Lagen in ihren Heimatländern spiegelten sich auch hier, selbst in kleinen Gruppen. Als die Zeiten der Diktaturen vorbei waren, in Spanien, später in Griechenland, fuhren diese Landsleute, die überwiegend als Familien gekommen waren, in ihre Ursprungsländer zurück.

Aber in diesen Jahren wurden doch aus zahlreichen Gastarbeitern echte Zuwanderer, Menschen, die hier lange leben und wahrscheinlich bleiben wollten und nicht nur ein paar Jahre zum »D-Mark machen«. Eisdielen und Pizzerien entstanden und waren schnell beliebt, aber auch die in produzierenden Betrieben wurden heimisch. Und es kamen, meist dringend erwartet, Menschen aus der Türkei und deutschstämmige Aussiedler aus Russland, und, viel später, Menschen aus den Balkanländern in großer Zahl. Sie brachten ihre Familien mit oder holten sie nach oder gründeten hier Familien und bekamen Kinder. Sie waren auch nach eigenem Verständnis Zuwanderer, irgendwann Deutsche.

Die Sorge, sie könnten Einheimischen hier die Arbeitsplätze wegnehmen, hörte man auch, aber nur selten, denn die Realität stand zu sehr dagegen, das Land boomte Jahrzehnte, wenn auch ab Mitte der 70er-Jahre mit Auf und Ab. Eine große Bemühung um Integration entstand daraus nicht, man lebte zivilisiert nebeneinander.

Es gab immer wieder, in geringerer Zahl als Zuwanderer, Flüchtlinge aus Krisen- und Kriegsgebieten. Sie waren nicht freiwillig hier, sondern geflohen vor den Lebensumständen in ihrer bisherigen Heimat. Vertriebene. Die »Cap Anamur« und die vietnamesischen Menschen, die mit ihr in Deutschland ankamen und von denen viele Bürgerinnen und Bürger unseres Landes geworden sind, blieben den meisten von uns in lebendiger Erinnerung – einschließlich Rupert Neudecks, des Mannes, der so viel für ihre Rettung tat. Die Zahl solcher Flüchtlinge war alles in allem nicht besonders hoch. Trotzdem zeigten einige in der deutschen Politik sich distanziert, glücklicherweise aber nicht alle. Dass 2018 der deutsche Innenminister die Wanderung (Migration) zur Mutter aller Probleme erklärt, hat was Kabarettistisches, allerdings mit der Tendenz zum Trauerspiel. Denn seit sie aus dem Paradies geworfen wurden, wandern Menschen durch die Welt auf der Suche nach Nahrung und Sicherheit. Der große Wandel kam, als Menschen sesshaft wurden und sie das Stück Land, auf dem sie lebten, zu ihrem Eigentum erklärten. Man könnte treffender sagen: Die Geschichte des Eigentums an Grund und Boden ist die Mutter aller Probleme, aber was soll's.

Die Vorfahren meiner Familie waren ziemlich unfähige Raubritter. Wir hatten kein eigenes Land. Mein Vater musste Land bei der Stadt kaufen, die es ihrerseits einem großen Landwirt abgekauft hatte, dessen Familie es wahrscheinlich bei der Schöpfung von Gottvater geschenkt bekommen hatte – wie jene Deutschen, die damals aus Not ins neue Amerika auswanderten und freies Land in Besitz nahmen, auf dem aber teils schon Urbewohner lebten, die aber keinen Vertrag vom Vorbesitzer hatten und deshalb, nun ja, vertrieben werden mussten. Die Argumentation führt ins Unterholz. Ich weiß und höre damit hier auf.

Ich schlage ersatzweise vor, dass sich zukünftig potenzielle Ministerkandidaten für Kernressorts einer öffentlichen Debatte und einer Fragerunde stellen müssen, um ihren Politik-IQ prüfen zu lassen. Dass das so grundsätzlich doch gar nicht gemeint war? Kann schon sein. Dann soll der Minister doch sagen, wie es speziell gemeint war. Eine Vermutung liegt nahe.

Zurück zum Thema Wanderung, und zwar zu den täglichen Wanderungen zu den Arbeitsplätzen, zu den Wanderungen in den Urlaub, zu den Wanderungen zur Saisonarbeit, zur Machtdemonstration und der Liebe wegen. Die Wanderungen rund um die Erde, die gleich groß ist wie vor 120 Jahren, aber bald zehnmal so viele Menschen beherbergt. Die für Deutschland wirkungsmächtigste Wanderung ist dabei die der Deutschen in Deutschland, die sich aus dem Artikel 11 GG ergibt: »Alle Deutschen genießen Freizügigkeit im ganzen Bundesgebiet.« In Europa ist die nur bedingt regulierte Wanderung der EU-Europäer erst in den letzten Jahrzehnten zum unspektakulären Alltag geworden, was nicht allen bewusst ist. Aber diese Freizügigkeit ist auch mit Einschränkungen und Komplikationen verbunden. Solange wir dafür in der EU keine belastbare Lösung haben, ist alles Gerede über eine europäische Zukunft hohl. Das neue Zuwanderungsgesetz, das nun in Deutschland vorbereitet wird, wäre wohl die beste Regelung, die wir zu diesem Bereich je hatten. Trotzdem müssen wir uns immer wieder die Prioritäten unserer politischen Agenda in Erinnerung rufen und zu Rate ziehen.

Erstens müssen wir Bildung und Qualifizierung der Menschen in unserem Land, vor allem der Kinder und Jugendlichen, ernst nehmen. Wenn das unterbleibt und wir die möglichen Potenziale nicht nutzen, uns aber auf qualifizierte Zuwanderung aus aller Welt kaprizieren, dann sind wir unehrlich, manchmal ein Stück postkolonialistisch in unserem Denken. Zweitens: Der Arbeitsmarkt EU-Europa muss qualifiziert und stabilisiert werden. Bei allem, was wir zurzeit erleben, ist Europa die große, ja vielleicht einzige Chance für Deutschland, Teil einer ökonomisch starken, ökologisch relativ bewussten und freiheitlich demokratischen Weltregion zu sein. Ohne einen forciert gestärkten Arbeitsmarkt, der der jungen Generation in Europa Mut und Lust aufs Gelingen macht, wird Europa aber weiter stagnieren.

Unabhängig davon bleibt die Frage der Integration von Menschen, die berechtigterweise in Deutschland leben, per Asyl oder geduldet oder ausdrücklich eingeladen, eine wichtige Aufgabe. Dafür braucht man ein klares Konzept, das auf Jahre angelegt ist und den Bund wie auch die Länder und Kommunen in eindeutiger Weise an dieser Aufgabe beteiligt und dafür finanziell ausreichend ausstattet. Es ist von außen schwer zu erkennen, wie viel Integration wirklich stattfindet und gelingt. Es mag geschickte Taktik sein, darüber öffentlich wenig konkret zu sprechen. Gut ist das nicht. Besser wäre es, Erfolge und Nachholbedarfe erkennbar zu machen und Sorgen und Kosten nicht zu verheimlichen. Die Vermittlung dieses Prozesses und auch die Unterstützung durch die Gutwilligen kann nicht im Stillen und verdeckt erfolgen. Dabei muss auch die Zeitschiene verdeutlicht werden, die sich ergibt. Es ist lachhaft, nach einigen Monaten oder einem Jahr von einem Beweis für die Unfähigkeit zur Integration zu sprechen.

Dass wir in unserem Land viel über die Zuwanderungen, inzwischen noch mehr über die Verhinderung der Zuwanderung sprechen, aber Integration eher den Status einer ungeliebten Unvermeidlichkeit hat, ist von Übel und muss sich ändern. Das alles können wir nur in der Offensive schaffen, nicht im Verdrängen, nicht möglichst klammheimlich.

Religion und Glaube sind bei alledem für manche Menschen nicht besonders wichtig, für andere aber schon und für manche sogar sehr. Unser Grundgesetz ist da eindeutig. Es garantiert Religionsfreiheit im Glauben und in der Ausübung. Das bindet alle und bedeutet auch für alle – ob sie nun selbst religiös sind oder nicht – mehr als Toleranz. Es ist faktisch ein Akzeptanzgebot. Das gilt in gleichem Umfang selbstverständlich auch für religiös ungebundene Menschen.

Menschen dürfen in unserer Demokratie ihre Identität wesentlich über ihren Glauben definieren oder auch über ihren Unglauben oder ihre Indifferenz. Vorrangig fürs Zusammenleben bleiben dabei aber immer die Grundrechte, wie sie in unserem Grundgesetz stehen und wie sie sich aus abgeleiteten Gesetzen ergeben. Das entspricht auch der EU-Charta und den allgemeinen Menschenrechten, zu denen die Vereinten Nationen sich seit 1948 ausdrücklich bekennen. Dieser Punkt ist nicht verhandelbar. Er berührt den Kern unserer Demokratie, die wir als unsere Lebensform gewählt haben, die wir verteidigen und für die wir streiten. Beliebigkeit ist da nicht möglich. Aus gegebenem Anlass: Die Religion ist nicht das Gesetz und kann kein Gesetz diktieren. Aber das Gesetz kann auch nicht über die religiösen Überzeugungen des einzelnen Menschen bestimmen. Unser Grundgesetz tut das auch nicht.

In den ersten Januartagen 1961 reiste ich per Bahn als Wehrpflichtiger zu meiner Grundausbildung nach Höxter, damals waren da noch die Panzergrenadiere stationiert. Meine Eltern hätten wohl nicht widersprochen, wenn ich versucht hätte, als Wehrdienstverweigerer anerkannt zu werden. Das Thema rückte zunehmend in die öffentliche Debatte und sie sprachen darüber. Ich habe es nicht versucht und hätte es auch nicht gewollt. Ich war nicht gerne Soldat, aber Pazifist war ich eben auch nicht. Dass die Welt nicht immer friedlich ist, sondern im Gegenteil oft irgendwie und irgendwo unfriedlich, das hatte ich längst begriffen. Auch dass man einem eventuellen Angreifer in den Arm fallen können muss, und dass das keine Frage ist von Nationen oder Völkern, sondern vom Recht jedes Einzelnen, unversehrt zu bleiben, friedlich leben zu können. Wenn Macht in die falschen Hände gerät, ist Friedfertigkeit nicht mehr gewährleistet. Auch die Konsequenz der deutschen Geschichte von 1930 bis 1945 war ja gerade nicht die Bereitschaft zur Wehrlosigkeit, sondern Fähigkeit zur Selbstverteidigung zur Vorbeugung. Ich vertraute unserer Demokratie, das gilt unverändert, und ich hatte und habe das Vertrauen, dass von unserem Land nicht die Gefahr von Gewalttätigkeit ausgehen wird. Aber Gewalt ist latent vorhanden, sicher auch in unserem Land, wie überall, blauäugig bin ich nicht. Es stellt sich die Frage nach Verantwortung und nach Vertrauenswürdigkeit. Gewalt muss wissen, dass sie als Methode keine Chance hat. Ich war diesbezüglich denkbar früh sensibilisiert und pragmatisch, nach innen (Polizei und Staatsschutz) und nach außen (Bundeswehr).

In der Kaserne in Höxter, am Haupteingang gleich links, wo wir als Ausbildungskompanie untergebracht waren, stand im Eingangsbereich ein großes, repräsentatives Schild mit soldatischen Emblemen darauf und einem Spruch, der wohl ein Gedicht sein sollte:

>»Äußere Ehre kennt er nicht,
kennt nur seine harte Pflicht.
Ernst das Auge, blass die Wangen,
ruhig in den Tod gegangen.
Ernst und tapfer, spät und früh,
unverzagt in Stürmen.
Anspruchslose Infanterie,
möge Gott dich schirmen.«*

Das fing ja gut an.

Am ersten Abend fiel ich denn auch schon in unserer 8-Betten-Stube unangenehm auf, weil ich entgegen der Anweisung das Licht ausgeknipst hatte. Der diensthabende Unteroffizier hatte bei seinem ersten Stubendurchgang Staub auf dem Wasser in einer Kanne auf einem der Spinde gefunden und befohlen, das Wasser zu säubern oder zu ersetzen. Ich habe das Wasser gewechselt und das Licht ausgeknipst. Beim Kontrollgang reagierte er ziemlich herb. Es konnte nur besser werden.

Ich schrieb – auch weil ich ja jetzt Soldat war und irgendwie betroffen – bald einen Brief an Verteidigungsminister Franz Josef Strauß, er solle endlich die Starfighter stilllegen, die offensichtlich unsicher waren, mindestens für die Piloten. Es war in den Tagen wieder einer abgestürzt. Das führte zu einer Standpauke beim Bataillonskommandeur in voller Uniform. In der Sache hatte er keine plausiblen Argumente, aber aus formalen Gründen polterte er los. Ein Soldat kann doch keinen Brief unter Umgehung des Dienstweges an den Herrn Minister in Bonn richten, auf gar keinen Fall. Ob ich das nun verstanden habe. Ob ich das verstanden habe? Jawoll! Der Kommandeur war meines Erachtens unter Alkohol, seine Fahne flatterte mir durchs Gesicht. Und das habe ich Bundesverteidigungsminister Franz Josef Strauß auch ohne Umschweife geschrieben, ohne Dienstweg, die Adresse hatte ich ja noch. Es gab keine Reaktion, nirgendwo.

Februar/März 1961 fuhr unser Bataillon nach Frankreich, nach Mourmelon-le-Petit für etwa drei Wochen. Im Alltag hatte das einen gewissen Pfadfindercharme. Vorher wurden aber auch noch die einschlägigen Marschlieder geübt, wir sollten ja ein gutes Bild machen. Das Lied vom Argonner Wald, der bald »ein stiller Friedhof« wird, wurde schließlich aus dem Repertoire gestrichen. Das fanden einige von uns auch unverzichtbar; wir sahen uns an und erkannten uns.

In Frankreich waren wir in Reims am Dom, wo de Gaulle und Adenauer nicht lange danach ein Zeichen setzten. Ansonsten mussten wir im Kasernenbereich bleiben. Gerne gesehen waren wir Deutschen in Uniform zu der Zeit noch nicht in Frankreich. Wir standen an großen, großen Soldatenfriedhöfen und hörten Reden. Ich wunderte mich, dass wir überhaupt dort sein durften und war dankbar dafür. Es war eine wichtige politische Bildungsreise, sicher nicht nur für mich. Das saß.

Als wir am 13. August 1961 in unserer Kaserne in Osterode/Harz den Sonntag vergammelten – das Bataillon war zum 1. Juli von Höxter nach Osterode umgezogen –, hörten wir in Radio und TV vom Mauerbau in Berlin und Aktivitäten an der deutsch-deutschen Grenze. Die DDR war nicht so weit weg von uns. Was würde geschehen? Es wurde sofort Ausgehverbot angeordnet. Im Kasernengelände gab es zwei oder drei Telefonhäuschen öffentlicher Art. Dort warteten bald lange Schlangen, die telefonieren wollten, um Genaueres zu erfahren oder mit

Eltern und Freunden zu reden. Auf jeden Fall mit der Freundin. Der Fernseher war umlagert wie sonst nie. Und auf Nachrichten gestellt. Auch wie sonst nie. In den Wochen darauf verlängerte der Bundestag die Dauer der Wehrpflichtzeit für uns von 12 auf 15 Monate. Manche fluchten. Ich fand das nicht schön, aber einleuchtend.

Es gab immer und regelmäßig auch politischen Unterricht im Zentralgebäude der Kaserne. Sicher auch in diesen Tagen und Wochen. Ich kann mich nicht an Details erinnern, bin mir aber völlig sicher: Es gab dort keine aufgeregten oder gar aggressiven Positionierungen Richtung Osten. Was bei uns und vielen Bürgerinnen und Bürgern im Land als Schock aufschlug, war für die Verantwortlichen in Washington und Bonn, auch im besonders betroffenen Berlin, keine absolute Sensation. Ihnen waren die Wanderungsbewegungen von Ost Richtung West nur zu bewusst. Rund 47.000 alleine vom 1. bis zum 12. August 1961. Die Mauer der DDR wurde als Bankrotterklärung gewertet, und das war sie auch, und zwar beispielhaft für den Osten und die Welt des Sowjetkommunismus. Die Ideologen des Westens konnten sich die Hände reiben. Diese Mauer gab ihnen recht, offensichtlich und anscheinend für immer. Wer heute, im Jahr 2019, wieder freiwillig Mauern baut oder noch bauen will oder Grenzgräben schaufeln, sollte sich diesen Effekt noch einmal vor Augen führen. Wer sich einmauert, schließt sich von der Zukunft aus. Er verliert, früher oder später.

Es stimmt, insgesamt wurde unsere Generation mit dem Rücken nach Osten groß. Im weiten und wilden Westen wussten wir besser Bescheid als in der DDR. Das war unser Versäumnis, aber das wurde auch von unserer Demokratie zugelassen, vielleicht sogar einkalkuliert. Wenn von Süd- oder Norddeutschen gesprochen wurde, war Geografie gemeint, auch Dialekt, Wein oder Bier. Ost- oder Westdeutscher, das hatte immer auch einen unterschwelligen, oft sogar ganz offen politischen Akzent. Ich weiß nicht, ob das bei unserer Parallelgeneration in der DDR auch so oder ähnlich war, bin aber sicher, dass unsere Identität »bundesrepublikanisch« hieß, deutlich stärker als »deutsch«.

Die Sache blieb immer ein wenig im Ungefähren und begleitet uns auch heute noch. Es gab 1989 nicht zwei Staaten, die Deutschland hießen und die deutsche Nation verkörperten. Es gab die BRD und die DDR. Wir waren im Westen primär Bürgerinnen und Bürger einer Gemeinschaft, die als »Westen« umschrieben war, mit Werten, zu denen sich alle, die zu diesem Westen gehörten, bekannten (ja richtig, mehr oder weniger, aber doch). Wenn man im Ausland gefragt wurde, woher man kommt, sagte man Bundesrepublik, vielleicht noch Bundesrepublik Deutschland. Die Deutschen in der DDR stellten sich außerhalb als DDR-Bürgerinnen und -Bürger vor, wenn sie linientreu waren als Mitglied der »sozialistischen deutschen Nation«.

Da es bei der Einheit nicht zu einer gemeinsam formulierten deutschen Verfassung kam, sondern das Grundgesetz fast unverändert Gültigkeit behielt, endeten mit der raschen deutschen Einheit 1990 diese speziellen Positionierungen. Im Westen (der BRD alt) gingen wir davon aus, Mitglieder der Wertegemeinschaft »Westen« zu bleiben. Die Deutschen im Osten verloren ihr spezifisches Selbstverständnis und wurden Mitglieder der Wertegemeinschaft West. Es wurde ihr freiwilliger und kompletter Verzicht auf die »sozialistische Nation« unterstellt und eine völlige Zustimmung zu den Werten des Westens. Man schluckte es. Aber vielen, auch jenseits von Staatsführung und System, schmeckte es nach Zumutung. Sehr.

Alle wussten, das Zeitfenster war eng. Die schnelle Einheit war die eine reale Chance. Aber das erklärte nicht alles. Und die Realitäten wollte auch nicht zu den blühenden Landschaften passen, die angekündigt waren. Von 1989 bis 1995 sank die Zahl der Beschäftigten in den Neuen Ländern um rund ein Drittel auf 6,3 Millionen. Im Durchschnitt der 1990er-Jahre waren immer 1,1 Millionen in diesem Teil Deutschlands arbeitslos, weitere in AB-Maßnahmen. Die Produktivität der Neuen Länder lag 1997 bei 60 Prozent des gesamtdeutschen Durchschnitts. Die Zahlen zeigen, wo es klemmte und wo es die Menschen konkret traf. Die westdeutsche Wirtschaft engagierte sich nur sehr gebremst in den Neuen Ländern. Spurlos ging das dort an den Menschen nicht vorüber. Und das Erleben von solchen Dingen vererbt sich erfahrungsgemäß weiter. Und zwar nicht in Differenzierungen, sondern in Holzschnittartigem.

Ich bin noch mal beim Jahr 1945, dem Kriegsende. So groß das Chaos zu der Zeit auch war und so entschieden der Zorn der Alliierten auf Deutschland: Nazi-Deutschland war geschlagen, aber die Welt drehte sich weiter. Jeder Fortschritt – und der Sieg über den verbrecherischen Nationalsozialismus war ein Fortschritt – hat eben seine Ambivalenzen. Das Spiel ist nie aus. War es auch nicht am Ende dieses furchtbaren Krieges. Bevor man überhaupt darangehen konnte, neu zu ordnen und einen Aufbau zu beginnen, war der Fall Deutschland in wenigen Monaten schnell auf Platz 2 der Prioritätenliste abgerutscht. Obenan stand die Machtfrage zwischen dem Westen und dem Osten, den USA und der Sowjetunion im Weltmaßstab. Letztlich war Deutschland, so frisch die Erinnerungen an die Weltkriegskatastrophe auch waren, ein Stein – ein wichtiger, wie sich zeigen sollte – auf dem großen Spielbrett. Nicht mehr. Für Deutschland, mindestens für die Bundesrepublik, war das sehr vorteilhaft, man war den Schwarzen Peter großenteils los, dachte so mancher.

In der letzten Phase des Krieges, als dieser spätere Ausgang wahrscheinlich wurde, rückten bei den Alliierten ihre Eigeninteressen wieder in den Vordergrund. Nazi-Deutschland würde geschlagen sein, was hatte das für Konsequenzen für die politische Ordnung in Europa und in der Welt? Dazu gab es unterschiedliche Interessen zwischen Frankreich und Großbritannien und den USA und der Sowjetunion. Der Kommunismus als politische Macht stand nun mitten in Europa, mitten in Deutschland, einem zerstörten, ohnmächtigen Land. Er stand nicht weit weg von einem stark geschwächten Frankreich, das zu den Gewinnern zählte, aber kein Gewinner war, wenn denn Kriege überhaupt Gewinner haben können. Auch die Briten waren am Ende ihrer ökonomischen Möglichkeiten angekommen. Und die US-Regierung hatte Mühe genug, zuhause zu erklären, weshalb sie nicht schnellstens diesen großen, teuren, auch gefährlichen Brückenkopf da im alten Europa verlassen wollte. Krieg ist nicht nur furchtbar, sondern auch teuer. Die Besetzung eines Landes wie des zerschlagenen Nazi-Deutschlands auch. Welchen Status und welche Perspektive sollte Deutschland eigentlich haben? Musste man es ein für alle Mal kampfunfähig machen, schon aus Sicherheitsgründen? Aus Deutschland vier neuzugeschnittene, überschaubare, kleine und abhängige Staaten machen, ohne Schwerindustrie, ohne Armee, agrarisch auf Selbstversorgung ausgerichtet?

Wie gesagt, die unehrenhafte Degradierung Deutschlands, die massive Rache am Aggressor war nicht mehr das Handlungsmotiv Nummer eins. Die große und geostrategische Frage stand nun auf der Tagesordnung: Würde der Westen oder würde der Osten sich im Patt einrichten wollen oder würde einer von ihnen doch dominieren wollen? Wer diese Frage früh aufwarf, war Winston Churchill. Es war klar, dass ohne die starke Präsenz der US-Amerikaner in Europa der Sowjetkommunismus nicht aufzuhalten war. Die US-Regierung erkannte das mit der Zeit ebenfalls immer mehr und zog Konsequenzen. Nicht den Morgenthau-Plan mit der Perspektive kleinparzelliger Agrarisierung in einem zerstückelten Land erkannte man als sinnvolle Lösung, sondern den Marshall-Plan mit vielen Milliarden Dollar – viele davon geschenkt, nicht nur geliehen – für mitteleuropäische Länder, auch und gerade für Deutschland. Die Kommunisten in Europa verbaten sich diese finanzielle Unterwanderung, denn auch sie hatten wohl teilweise ein diesbezügliches Angebot der Amerikaner erhalten.

1947/48 wurde die Konsequenz der Überlegungen des Westens sichtbar: Für die drei Zonen der West-Alliierten gab es einen abgestimmten gemeinsamen Weg, und die sowjetisch besetzte Zone im Osten ging einen anderen Weg, im Wesentlichen vorgegeben von den Besatzern. Die bisherigen deutschen Gebiete östlich von Oder und Neiße würden nicht mehr zu Deutschland gehören. Dieses so verkleinerte und neu zu ordnende Deutschland würde der Puffer in einer geteilten, bipolaren Welt sein. Keine Friedenszone, eher eine Waffenstillstandszone, immer unter Explosionsgefahr. Später, das war natürlich noch nicht programmiert, mit einer lebensgefährlichen, realen Mauer.

Aus all dem ergab sich für den Westen auch, dass dieses West-Deutschland, das dann 1949 zur Bundesrepublik Deutschland wurde, der Vorposten des Westens und sein attraktives Aushängeschild sein musste: friedlich, wohlhabend, bescheiden, gehorsam. Die Bundesrepublikaner konnten gut damit leben. Das war für viele auch eine willkommene Chance, die Sache mit dem Nationalsozialismus auf die hinteren Ränge der Aktualitätenliste zu schieben. Viele waren in Eile, etwas Neues zu beginnen, das lenkte auch ab. Sehr gut das alles.

Aber natürlich traute man auch im Westen uns Deutschen noch nicht wieder. Der gezielte Aufbau, vor allem der Energie- und Stahlwirtschaft, wurde nicht deutscher Beliebigkeit oder gar gezielten deutschen Eigeninteressen überlassen, sondern unter internationaler Kontrolle optimiert. Damit entging sie der kompletten Demontage, die bei den Briten hoch im Kurs stand.

»Unsere neuen Maschinen und Anlagen werden leistungsfähiger sein als die, die die Briten hier abbauen. Sie zwingen uns zur Optimierung. Sollen sie doch.« So oder ähnlich konnte man es in jenen Jahren oft hören.

Was war da im Gange? Im Dezember 1945 war noch die Wiederbegründung der Provinz Westfalen geplant, das Organigramm war schon geschrieben, Sitz in Münster. Aber Mitte 1946 wurde dann Nordrhein-Westfalen als Bundesland gegründet, mit dem industriellen Schwerpunkt Ruhrgebiet, der Konzentration von Kohle und Stahl. Dieses Ruhrgebiet wurde für Jahrzehnte die Lokomotive, die dem Aufschwung in der jungen Bundesrepublik Kraft und Dynamik verlieh, zum Nutzen der Westdeutschen, aber auch Westeuropas. Respekt, Kumpel! Das klingt hier so locker modern, war aber eine harte Maloche, für viele Bergleute und Stahlkocher sogar eine lebensgefährdende, tödliche. Und wenn ich heute an manchen Stellen in Deutschland Töne über den »alten Kohlenpott« höre, der sich nicht früh genug von der »dreckigen Kohle trennen konnte«, kommt doch ein Stück Galle hoch.

Dass 1950 Frankreich, Italien und die Benelux-Länder die Bundesrepublik zur Montan-Union einluden und so ein zentraler, kontrollierter Schritt in Richtung Vereintes Europa getan wurde, war auch Ausdruck der internationalen Lage. Mit dem Kriegsbeginner und -verlierer gerade mal fünf Jahre nach dem Ende dieses furchtbaren Krieges und ein Jahr nach der Konstituierung dieser Bundesrepublik freundschaftlich zu kooperieren, war angesichts des Elends und der Schuttberge für viele Menschen in diesen anderen Ländern schwer zu verstehen. Für uns fast unglaublich, aber eine großartige Geste und ein Geschenk für uns. Diese Chance war aber auch kühl kalkuliert. Das Ruhrstatut war am 28. April 1949 unterzeichnet worden, vor dem Inkrafttreten des Grundgesetzes am 23. Mai 1949. Das Ruhrstatut garantierte deutsche »Unterwerfung unter interne Aufsicht« und war Ausgangspunkt für die EGKS, die Europäische Gemeinschaft für Kohle und Stahl, die am 18. April 1951 zustande kam.

In dieser geostrategischen Konzeption, beobachtet und kontrolliert, aber doch mit Demokratie und D-Mark ausgestattet und als Partner anerkannt, wurde aus der Kriegsgeburt Bundesrepublik das Wirtschaftswunderland. Wir – vor allem die vor uns – haben dafür malocht, ja, aber wir hatten auch den freundlicheren und reicheren Patenonkel, wir wurden in der Niederlage schnell Profiteure. Die Deutschen in der SBZ, dann DDR, der Deutschen Demokratischen Republik, hatten es bei Weitem schwerer. Und viele von ihnen stimmten in den kommenden Jahren mit den Füßen ab, weil es am Demokratieangebot und am Wohlstand fehlte. Auf dem Gebiet der BRD hatten vor 1938 rund 43 Millionen Menschen gelebt, Anfang der 1950er-Jahre waren es 50 Millionen, 1961 schon 56 Millionen, 1989 dann 66 Millionen, unter ihnen 5 Millionen Ausländer. In den Zahlen sind auch die 4,6 Millionen Menschen, die zwischen 1945 und 1961 aus der DDR in die BRD flohen.

Nach dem Fall der Mauer 1989 sind bis heute noch einmal etwa 2 Millionen Menschen, vor allem junge und viele Frauen, in den Westen gewechselt. Die Binnenwanderungen in Deutschland zwischen Ost und West und dann in der Einheit selbst waren wirkungsmächtiger als alle Zu- und Abwanderungen über die Außengrenzen.

Ob es nach Kriegsende 1945 wirklich die Chance gab, die deutsche Teilung zu vermeiden, kann ich nicht beurteilen. Stalins Note(n) von 1952 war(en) eher eine Falle, die mit der Einheit lockte, aber von Demokratie im Sinne unseres Grundgesetzes nichts wissen wollte.

Es gab jedenfalls Demokraten in allen Parteien, die sich zwischen 1945 und 1949 gegen die Trennung stellten und so lange wie irgend möglich Wege für die Einheit suchten. Bei der SPD vornean Kurt Schumacher, Vorsitzender und entschiedener Gegner jeglicher Zusammenarbeit mit den Kommunisten, die er mit Verve bekämpfte, ein Eiferer für ein vereintes Deutschland. Bei der CDU war es Jakob Kaiser, ein religiöser Sozialist, der als Vorsitzender der CDU-Ost, im Folgenden Blockpartei, versuchte, in der DDR demokratische Spielregeln zu sichern und so Möglichkeiten engster Zusammenarbeit zwischen Ost und West zu gewährleisten. Am 20. Dezember 1947 wurden Jakob Kaiser und Ernst Lemmer von der Besatzungsmacht der SBZ ihrer Ämter in der CDU-Ost enthoben. Sie wechselten dann angesichts der Aussichtslosigkeit ihrer Bemühungen in den Westen. Kaiser wurde Gesamtdeutscher Minister in der 1. Regierung von Konrad Adenauer.

Adenauer selbst setzte sofort auf eine klare Westorientierung. Er fand sich mit der Teilung in BRD und DDR ab oder hielt sie vielleicht sogar für vernünftig angesichts der politischen Großwetterlage. Die Entwicklung in der 1949 entstehenden Deutschen Demokratischen Republik machte alle gutwilligen Bemühungen um Einheit immer aussichtsloser.

1959 schrieb die SPD ihr bekanntes »Godesberger Programm«, das im November 1959 beschlossen wurde und wo es zu diesem Thema hieß:

»Die Sozialdemokratische Partei Deutschlands lebt und wirkt im ganzen deutschen Volke. Sie steht zum Grundgesetz der Bundesrepublik Deutschland. In seinem Sinne erstrebt sie die Einheit Deutschlands in gesicherter Freiheit.

Die Spaltung Deutschlands bedroht den Frieden. Ihre Überwindung ist lebensnotwendig für das deutsche Volk.

Erst in einem wiedervereinigten Deutschland wird das ganze Volk in freier Selbstbestimmung Inhalt und Form von Staat und Gesellschaft gestalten können.«

1960 erklärte Herbert Wehner für die SPD vor dem Deutschen Bundestag die Westorientierung ausdrücklich zur Grundlage auch sozialdemokratischer Politik. »Was wäre wenn?« macht auch hier wenig Sinn. Glückliche Umstände hatten uns und unser Land vor einem Krieg, dem 3. Weltkrieg, der auf deutschem Boden geführt worden wäre, bewahrt. Jetzt mussten wir als Bundesrepublik weitermachen mit dem, was geworden war. Deutschlands Verantwortung, die im Westen und die im Osten, war groß.

Der Bedarf an ehrlicher, fundierter Orientierung war riesengroß. Woher sollte sie kommen? Ein Bundespräsident allein und eine Politik, die selbst noch Demokratie übte, konnte das nicht geben. Und viele Menschen hatten andere Sorgen, andere Interessen und wenig Lust auf Aufarbeitung.

Von den 5500 Emigranten aus kulturellen Bereichen, Intellektuelle und Künstler, die vor den Nazis fliehen mussten, kamen nach dem Krieg nur 32 Prozent nach Deutschland zurück, davon 80 Prozent in die Bundesrepublik bzw. Österreich, 20 Prozent in die DDR. Ihr Exodus war 1933 ein Aderlass des deutschen Geistes gewesen. Bert Brecht war dabei, der die USA verließ, als der McCarthyismus für ihn bedrohlich wurde. Kurt Eisler wollte in den USA bleiben, wurde aber ein Jahr später ausgewiesen. Von der Adenauer-Regierung wurden keine Einladungen an die 5500 bekannt, schon gar keine handfesten Angebote, wieder zurückzukommen nach Deutschland. War wohl nicht das Interesse des Kanzlers. In Wahrheit war es ein Desaster. Ein schweres historisches Versäumnis darf man es nennen und typisch für die Stimmung im Lande. Das waren Exilanten, die hätten Stunk machen können. Die passten jetzt nicht.

1947 gründeten Alfred Andersch und Hans-Werner Richter die Gruppe 47. Und in diesem Jahr erschien auch erstmals das Magazin Der Spiegel, erst in Hannover, dann in Hamburg, Rudolf Augstein war 24 Jahre jung und nach einigen Jahren alleiniger Herausgeber des Spiegel.

Am 30. August 1954 lehnte die französische Nationalversammlung den EVG-Vertrag ab, der eine Europäische Verteidigungs-Gemeinschaft schaffen sollte. Also doch jedem Land seine eigene Armee? Rückwärts zum Europa der Vaterländer? Es sah so aus und sieht so aus. Immer mal wieder. Auch gerade jetzt.

Am 23. Oktober 1955 entschied sich die Bevölkerung des Saargebietes bei einer Wahlbeteiligung von 97,5 Prozent mit 67,7 Prozent der Stimmen für einen Beitritt zur Bundesrepublik und wurde ein Teil ihrer föderalen Struktur. Erfreulich.

Vom 9. bis 13. September 1955 flog Adenauer mit einer Delegation nach Moskau und kam mit der Zusage zurück, dass die verbliebenen restlichen 9626 deutschen Kriegsgefangenen sowie weitere 20.000 Zivilisten in die Bundesrepublik ausreisen dürfen. Was dann auch geschah. Zwei Jahre später, 1957, gewann Adenauer die Bundestagswahl mit absoluter Mehrheit. Das gab es in der Geschichte der Bundesrepublik nur dieses eine Mal.

Ende der 1950er-Jahre veröffentlichte Helmut Schelsky seine Erkenntnisse über »Die skeptische Generation«, die kritischer und eben skeptischer sei als vorherige Jugendgenerationen. Er erklärte das mit deutlichen Brüchen in den Klassen- und Schichtenstrukturen. Nationalistische Nachwehen bei denen, die noch Prägungen in der Nazi-Zeit erlebt haben könnten, fand er nicht. Entwarnung also. Aber nur bedingt. Politisches Desinteresse sah er doch, »schweigende Individualisten, ratlos, nervös, unzufrieden, voller Animositäten gegen die Erwachsenen«. 1964 setzte Georg Picht mit der »Bildungskatastrophe« ein deutliches und langanhaltendes Signal.

Ab Ende der 1950er- bis zur Mitte der 1960er-Jahre war die Zeit der Floskeln an Feiertagen und das sonstige Beschweigen und Ablenken mehr und mehr vorbei. Die Bequemlichkeit des Wohlstands reichte nicht mehr aus, um die Jüngeren zu beruhigen und ruhig zu halten. Fragen nach Schuld und Sühne und die nach Ursache und Wiederholungsgefahr mit Blick auf den Nationalsozialismus wurden laut. Antworten waren fällig. Eindeutige.

Deutscher sein, was bedeutete das denn nun? Ich war keine zwei Jahre alt, als der industriell organisierte Massenmord an Juden und der kriegerische Angriff auf Nachbarländer geschah.

Ich halte nichts von Kollektivschuld und ich bin altersbedingt glaubwürdig, wenn ich sage, dass ich von nichts gewusst habe und mich nicht strafbar gemacht habe – aber ist es damit gut? Auch wenn ich meine Eltern freisprechen kann von jedem Verdacht – reicht das? Wir dürfen uns da nicht selbst betrügen. Das alles dürfen und können wir nicht durch »raussterben« aus der Welt schaffen in den kommenden Jahren bis 2045 und die Sache dann für erledigt erklären.

Ich bin sicher, dass nicht alle vor Gericht bestraft worden sind, die es nach Recht und Gesetz verdient haben. Aber selbst wenn da noch dies und jenes geklärt wird, wenn irgendwann niemand mehr leben wird, der Betroffener oder beteiligter Täter oder auch nur Lebender war zwischen 1930 und 1945, das Geschehene kann nicht durch die Zeit geheilt werden.

Was heißt das für uns Deutsche heute, die wir älter werden? Es gibt wieder mehr offenen Rassismus in unserem Land. Vielleicht gab es ihn schon immer, versteckter, im stillen Kämmerlein. Vielleicht wächst er aber auch neu. Wir hoffen, wir haben ihn unter Kontrolle. Wir müssen uns vor der Neutralität hüten. Neutral sein in Fragen der Menschenrechte, das reicht nicht. Der Spruch meines Vaters »Nie wieder deutsche Stiefel im Ausland« ist so eine Lüge im Schafspelz. Ich bin bei ihm sicher, er hat es gut gemeint. Aber gut gemeint reicht nicht. Nicht aggressiv sein reicht nicht. Für Menschenrechte kann man nur aktiv eintreten, nicht passiv. Wo? Überall. Zuhause, in der Schule, in der Firma, im Verein, auf der Straße, in der Öffentlichkeit, in ganz Deutschland, in Europa, weltweit.

Die allgemeinen Menschenrechte, die seit 1948 die Charta der Vereinten Nationen zieren, werden täglich und an vielen Stellen verletzt. Damit dürfen wir uns nicht abfinden. Schon gar nicht, wenn das im eigenen Land geschieht.

Aber die Erde ist so groß und die Verstöße sind so subtil bis gewaltsam und zahlreich und die Täter sind so viele und so stark, dass niemand auf der Welt diesen Untaten wirksam umfassend Einhalt gebieten kann. So ist es.

Da kommt die »menschliche Natur« ins Spiel, die uns aufklärerisch bis zynisch vorgehalten wird. »So waren die Menschen. So sind wir Menschen. So werden die Menschen bleiben.« Und trotzdem.

Es kommt auf jeden Menschen an. Auf jeden einzelnen. Wer dem einen nicht hilft, weil er ja erkennbar nicht allen helfen kann, der hat den Kern der Aufgaben nicht akzeptiert. Konkret bezogen auf die Flüchtlinge dieser Zeit – und da spielt auch Rassismus eine erhebliche Rolle: Wir können nicht allen helfen und nicht alle retten, das ist wahr. Aber die Denk- und Handlungsaufgabe bleibt: Was müssen wir tun, damit wir möglichst vielen Einzelnen helfen können? Nicht: Was können wir tun, damit wir möglichst niemandem mehr helfen können (müssen)! Und natürlich richtet sich diese Aussage an jeden Menschen hier (und anderswo auch) und ist nicht die Wiedergutmachung für deutsche Taten in der Zeit des Nationalsozialismus. Es gibt keinen deutschen Sonderstatus für Solidarität, nicht plus, nicht minus. Aber wir dürfen auch nicht zulassen, dass »es nun irgendwann auch mal gut ist«. Es ist erkennbar nicht gut. Das hat mit Deutschsein herzlich wenig zu tun, wohl aber mit Menschsein. So wie zwischen 1930 und 1945 auch. Die Verbrechen der Nazis geschahen nicht, weil Verbrecher Deutsche waren, sondern weil sie Menschen waren, die andere Menschen hassten, quälten, ermordeten.

Nationalität ist ein Status, kein Charakter. Nation und Deutschsein waren die so lächerlichen wie widerlichen Masken, hinter denen sich mit Arroganz, Lüge und Egoismus, Grausamkeit und Mordlust alles Inhumane vorbereiten, tun und rechtfertigen ließ. Und weil das Denken dem Sagen vorausgeht und das Sagen dem Tun, ist heute deutlich, wo die Barrikaden gegen solche Perversionen gebaut werden müssen:

- Das fängt an mit dem guten Beispiel, individuell, als Gesellschaft, als Staat. Beispiel geben für Humanität ist keine Sentimentalität von gestern, sondern hochaktuell.
- Die Werte unseres Grundgesetzes zum Maßstab unseres Handelns machen. Politische Bildung, die in diesem Land auch demokratische Bildung sein muss, praktizieren, nicht nur dozieren.
- Den Kindern und jungen Menschen helfen, dass sie nicht hilflos oder unerfahren den Parolen von Verführern ausgesetzt sind. Und nicht glauben, wir Älteren seien dagegen immun kraft Lebenserfahrung.
- Auf das gesprochene und geschriebene und gesendete Wort achten. Worte können zu Gift werden und zu Waffen. Aber eben auch zum Scheinwerfer der Wahrheit. Freie, der Demokratie dienende und kritische Medien zulassen, stützen und sichern. Damit das Suchen und Sagen der Wahrheit lebendig ist.
- Eine sensible und eindeutige Rechtsprechung. Und Respekt vor ihr. Sie ist Eckpfeiler der Demokratie. Ohne sie hätten wir unsere Demokratie nicht so erfolgreich gestalten können, sie bleibt von zentraler Bedeutung.

Von Anfang an gab es nach Kriegsende welche – und es waren nicht wenige –, die weder Einsicht noch Bedauern und schon gar nicht Reue zeigten. Es war halt Krieg gewesen, und Krieg sei menschlich, ja heroisch, wenn man sich anders nicht einigen kann. Und die »Untermenschen« im Osten und die »Verpeilten« im Westen und die »Größenwahnsinnigen« auf der Insel und in Amerika hätten sich zusammengetan, weil sie Deutschland nicht an die Spitze lassen wollten. Und so etwas führe eben zu so etwas. Das müsse man auch sportlich sehen. Und so weiter. Bis zum »Fliegenschiss der Geschichte«.

Die Gebiete östlich von Oder und Neiße wurden dann in der Zeit der Ostverträge »natürlich« als deutsch reklamiert. Sie waren ein Viertel des Reichsgebietes von 1938 gewesen, rund 7 Millionen Menschen hatten dort gelebt, es ging um die »Korn-kammer« Deutschlands. Und die Kriegsführung der Alliierten wurde als verbrecherisch verurteilt und der schnell wachsende Wohlstand Westdeutschlands als Zeichen gewertet dafür, dass wir Deutschen nicht kleinzukriegen sind, man könnte auch sa-gen: genial sind. Und, ja, dass nicht aller Tage Abend ist.

Richtig lautstark wurden die nationalen Eiferer, als in der zweiten Hälfte der 1960er-Jahre die Ostpolitik wirklich Kontur gewann: Im festen Bündnis des Westens Kontakt halten und Kontakt bekommen und vertiefen mit Moskau, Warschau und Ost-Berlin. Annäherung suchen mit dem Ziel des Wandels. Ent-spannung wollen. Da wurde Willy Brandt zum Vaterlandsver-räter erklärt und es wurde wieder an die Wege der Sozialdemo-kratie erinnert, die angeblich »alle nach Moskau« führten. Die rechtsradikale NPD kam in Landesparlamente und hätte 1969 bei der Bundespräsidentenwahl in der Bundesversammlung in Berlin fast den Ausschlag gegeben. Aber Gustav Heinemann schaffte es knapp und gegen deren Stimmen. Mit der um-kämpften Ratifizierung der Verträge 1972 im Deutschen Bun-destag zerrannen den Nationaldemokraten die Argumente, und zehn Jahre später machte auch Bundeskanzler Kohl die Ergebnisse dieser Ostpolitik ausdrücklich zur Grundlage sei-ner Politik. Das Jahr 1989, das ist fast schon vergessen nach dem 9. November, brachte noch einmal eine größere Debatte zur Oder/Neiße-Frage mit sich. Die Republikaner gewannen auch mit diesem Thema 7,5 Prozent bei der Kommunalwahl in Berlin und 7,1 Prozent bei der Europawahl (in Bayern 14,6 Pro-zent). Außenminister Genscher sah sich sogar zu einer aus-drücklichen Erläuterung der bundesdeutschen Linie vor der UNO veranlasst. Zu Recht.

Zu den Vätern von 1989 gehören vor allem Gorbatschow und die mutigen Menschen in der DDR, die die Mauer umwar-fen. Aber zu den Vätern dieser Entwicklung gehörten auch die,

die in der Bundesrepublik klug und ausdauernd und Konflikte verhindernd für die Einheit und den Frieden arbeiteten: Willy Brandt, Helmut Schmidt, Hans-Dietrich Genscher, Helmut Kohl und die, die ihnen halfen. Bei allem Streit um manche konkreten Schritte war das Ziel einvernehmlich.

Viele von uns hatten Verwandte und Freunde in der DDR und waren auch im Westen begeistert von der persönlichen Freiheit, die sich 1989/90 für die Menschen in der Deutschen Demokratischen Republik auftat. Im Nachhinein haben manche schon immer gewusst, dass es passieren würde. Aber als es geschah und die Mauer fiel, war das eine Sensation. Deutsche an und auf der Mauer, die friedlich bleiben und nicht aufeinander schießen. 400.000 Soldaten des Warschauer Paktes in der DDR, die nicht aus ihren Kasernen kommen. Wir und die und die Welt, alle schauten zu, wie dieses Loch in der Mauer des Sowjetkommunismus in wenigen Stunden und Tagen zur Realität wurde, Fakt wurde, die Welt veränderte. Irgendwas irgendwann – das hatte man erwarten können. Aber dies so nicht.

Der »verrückteste Augenblick« in so manchem Leben dieser Zeit – das war der 9. November 1989. Ich würde dem auch für mich nicht widersprechen. Einige riefen »Wahnsinn«. Schöner Wahnsinn. Ab 10. November wussten wir: Das ist die Wahrheit. Die Freiheit ist friedlich gelungen. Die Einheit wird möglich.

Die Konsequenzen, vor allem die Chancen dieser historischen Nacht, nahmen uns gefangen. Der Puffer der bipolaren Welt war Geschichte. Die Zukunft der beiden Staaten sollte eine gute und gemeinsame sein, als Deutschland.

Eines war dabei besonders erfreulich, aber bald doch als glücklicherweise gelungen abgehakt: Die oft zitierte, aber selten hinterfragte »Friedlichkeit« dieser Revolution in der DDR. Sie war nicht selbstverständlich gewesen. Es gab offensichtlich im Herbst 1989 – vielleicht ja auch schon früher, ich weiß es nicht –, als die Revolution auf den Straßen mancher Städte in der DDR erkennbar wurde, Menschen, die immer wieder bei den Engagierten für diese Friedfertigkeit warben und überzeugten. Ab und an trifft man im Rückblick auf solche Geschichten und auf solche Menschen. Sie haben großen Respekt und einen hervorragenden Platz in den deutschen Geschichtsbüchern verdient. Früher nannte man solche Menschen »Helden«. Diesen Titel werden sie nicht wollen, aber Vorbilder darf man sie wohl nennen. Denn die »Friedlichkeit« der Revolution von 1989 in der DDR kam nicht von alleine. Sie war Menschenwerk. Die Mächtigen der Welt haben in dieser Situation den Frieden bewahrt – und das bleibt ihr großes Verdienst –, aber auch die, die vor Ort bei den betroffenen Menschen für Friedlichkeit warben. Wir alle können stolz sein auf diesen Teil deutscher Revolutionsgeschichte. Die Qualität von Revolutionen erkennt man nicht an dem Blut, das sie kosten.

Die deutsche Einheit wurde schnell möglich, aber nicht alles gelang so, wie man es sich wünschte. Nachdem wir in Deutschland einige Jahre lang stolze Sieger und fröhliche Vereinigte waren, wussten wir, dass wir nach dem Ende der Bipolarität mitnichten in der erhofften Einen Welt angekommen waren. Nicht in einer Welt, die entschlossen wäre, aufeinander bezogen, mit vereinten Kräften und fair die Herausforderungen der Zeit gemeinsam friedlich anzugehen. Endlich Schluss zu machen mit der Verletzung der Menschenrechte und mit Kriegen und der Zerstörung der Umwelt. Wir erlebten und erleben eine andere Welt als vorher, das stimmt, aber die erhoffte war und ist es nicht. Das liegt nicht an der Welt. Es liegt an uns Menschen.

In den seither bald dreißig Jahren gab es mancherlei hoffnungsvolle Entwicklungen, aber insgesamt ist doch klar: Aus der Bipolarität wurde und wird immer mehr Multipolarität, ein verstärktes, verengtes, abstoßendes Nationalbewusstsein, eine parzellierte Welt. Nationale und autokratische, illiberale Demokratie nennen manche grinsend ihr Ziel. Vereinigungen,

Bündnisse und Abkommen gab es und gibt es international immer noch, und sie haben großes Gewicht. Aber die nationalistischen Töne werden doch an vielen Orten (wieder) lauter. Das ist ein Rückschritt, aber 2018/19 ist eben nicht »wie früher«. Wer nicht an Trump'scher Wirrnis leidet, der weiß: Die ökologischen, ökonomischen und sozialen Aufgaben dieses und der kommenden Jahrzehnte auf einem Planeten mit bald 10 Milliarden Menschen, die digital global vernetzt sind, mit Supermobilität, mit gefüllten Waffenlagern klassischer Art und neuen, unsichtbaren Waffen für grenzenlose Kriege, die nicht einmal mehr »erklärt« werden müssen – für all dies gibt es nur einen einzigen sicheren Lösungsweg: Alle müssen sich unterhaken und die vorhandenen friedlichen Ressourcen abgestimmt und sinnvoll einsetzen und die gefährlichen einmotten. Weltweit. Passiert dies? Es ist verdammt still diesbezüglich. Die anschwellenden Gesänge des Nationalismus eignen sich eher als sarkastische Beerdigungsmusik. Wir müssen kämpfen.

Dass in dieser Phase der Menschheit, in der die Chancen und die Bedingungen für freiheitliche Demokratie sich ohnehin verkomplizieren, nationale Denkweisen und Parolen reüssieren, ist ein Signal. Und mehr darf es auch nicht werden. Signale sind Furchtmacher und Mutmacher in einem! Das Unglück ist noch nicht passiert und es muss auch nicht passieren. Aber es kann passieren, wenn wir die Nagelbretter nicht beachten, die der freiheitlichen Demokratie von den Nationalisten auf den Weg und vor die Füße geworfen werden. Die Gefahren steigen, keine Frage.

Anderswo ist es zurzeit ärger. Aber bleiben wir selbstkritisch hier bei uns in Deutschland.

Erstens: Unter den Mitgliedern und der Wählerschaft der AfD (es geht nicht nur um sie, aber hier bündelt sich offensichtlich einiges) gibt es solche, die mit einzelnen politischen Entscheidungen in Deutschland und auch darüber hinaus nicht zufrieden sind. Man muss sich ihre Argumente und Reklamationen ansehen. Politik ist ja nicht fehlerfrei und die soziale Gerechtigkeit keineswegs überall im Lot. Die Sorgen kinderreicher Familien, die Konsequenzen langer Arbeitslosigkeit und niedriger Löhne, explodierende Wohnkosten und unzureichende Daseinsvorsorge im strukturschwachen und ländlichen Raum sind ja Realitäten und keine böswilligen Erfindungen. Besserungen sind nötig, und an vielen dieser Themen arbeitet die Politik nachdrücklich. Darüber muss sie offen und öffentlich reden und Lösungswege und Ziele aufzeigen. Von der Sozialdemokratie weiß ich, dass sie einiges in den Koalitionsvertrag gebracht hat und an der Umsetzung arbeitet, tagtäglich. Die Petenten, ganz gleich, wen sie wählen oder wählen wollen, müssen ernst genommen werden. Hier sind Chancen, aber das ist nicht der eigentlich subversive Teil der Attacke. Erstens.

Zweitens gibt es bei der AfD-Wählerschaft – allerdings nicht nur dort – offensichtlich Motz- und Schimpfkünstler von eigenartiger Qualität, unhöflich, unverschämt, unverfroren. Leute, die über Politikerinnen und Politiker lästern, weil dies gewisse Aufmerksamkeit verspricht und weil das ja »alle« so tun. Eigentlich sind sie Quasseltypen, die zu allem eine unbegründete Meinung haben und diese ungeniert rausblasen möchten, Wahrheit hin, Wahrheit her. Im Zweifel kann man sich ja entschuldigen und morgen wird ohnehin die nächste Sau durchs Land getrieben. Sie wollen keine inhaltliche Antwort, weil sie ja schon alles wissen, und zwar besser. Sie leben vor allem von und mit den neuen Medien. Ihre Frechheit und ihre Dummheit sind so offensichtlich, dass ihnen ihr Außenseiterstatus, den sie so wollen, sicher ist. Sie sind ärgerlich und unbelehrbar und werden nie ganz viele sein, aber missbrauchbar. Sie sind unsympathisch, aber Sympathie ist nicht die Kategorie, um die es hier geht. Sie unterhöhlen Demokratie, denn sie zögern nicht beim Lügen und Beleidigen, besonders von »Fremden«. Sie brauchen klare Antworten.

Drittens aber: Es gibt in der AfD und in ihrer Nähe und im weiteren Umfeld Fremdenverächter und Demokratieverächter, Gegner unserer freiheitlichen Demokratie. Sie sind machtpolitisch orientiert. Sie wollen das Sagen haben und sind klug und ausdauernd genug, sich auf den Weg durch bestehende Institutionen in Richtung Einfluss und Macht zu tricksen oder zu bolzen. Sie wollen unsere Demokratie und Politik nicht verbessern, sie sähen sie gerne stolpern und fallen. Deshalb muss ihnen gegenüber unmissverständlich klar sein: Rassistische, völkische, antisemitische, nationalistische Positionen erfahren keine Toleranz. Das Grundgesetz gilt.

Die Identitären und Fremdenfeindlichen werden scheitern, aber das wird kein Selbstläufer. »Wir Demokraten haben recht, das ist doch klar« zu rufen, das reicht eben nicht. Wir müssen überzeugend sein und handlungsbereit. Vor allem vertrauenswürdig. Überzeugend und vertrauenswürdig.

Dabei ist Deutschland erkennbar kein Einzelfall und nicht wir Deutschen allein haben Handlungsbedarf. Nicht beruhigend, sondern beunruhigend ist, dass die Rückbesinnung aufs kleinkariert Nationale, besser gesagt aufs Völkische, die Absage an das Fremde, der Hass auf das andere sich zurzeit an vielen Orten melden. In Polen und Ungarn sehen wir Tendenzen, in Österreich, in den Niederlanden und in Frankreich gibt es starke Parteien dieser Gesinnung. Die Mehrheit der EU-Länder, ganz gleich, welche Farbe regiert, hat in Sachen Flüchtlingspolitik Distanz bis Ignoranz und krasse Ablehnung gezeigt, und die Herausforderung ist nicht zu Ende. Die als zukunftsweisend gelobte Forderung, in der EU endlich Mehrheitsentscheidungen wirksam zu machen, fliegt plötzlich wie ein Bumerang über unsere Köpfe. Was, wenn Europas Länder mehrheitlich denn doch die Nagelprobe auf die Menschenrechte verweigern? Wenn Staaten das Nationale als ersten Glaubenssatz haben und Europa als Förderer mögen, aber nicht als Forderer?

Wenn sie, noch schlimmer, keine Patrioten sind, die ihr Land lieben, sondern Nationalisten, die andere Staaten und fremde Menschen geringschätzen, verachten? Gibt es dann den »Westen« eigentlich noch? Auf was schrumpft er dann? Ist Deutschland dabei?

Aber haben denn diese subalterne AfD und ihr Nährboden es wirklich verdient, mit den Mega-Themen und -Problemen der Menschheitsentwicklung in Verbindung gebracht zu werden? Ja. Ist das nicht zu viel Aufmerksamkeit für Demokratie-Verächter ihrer Art? Nein. Sagen, was ist, das bleibt in Sachen Demokratie unverzichtbar. Um für Mehrheiten zu werben, muss man handeln. Und so die Fragen stellen und beantworten, auf die es ankommt:

Wie wollen wir sein?

Wie wollen wir leben?

Heute, morgen, übermorgen und so weiter?

Und was können wir dafür tun?

Wer eine rechtsextreme Partei wie die AfD an seiner rechten Seite dadurch verhindern will, dass er verspricht, die Politik dieser Partei zu kopieren, ist demokratiehygienisch im Minus angekommen. Ja, er riecht schlecht.

An dieser Stelle sind mir ein paar Gedanken zum Thema Identität wichtig, das als angeblich bedeutsame Überbautheorie im Schwange ist. Unwichtig ist der Punkt in der Tat nicht. Schon immer ging es ja uns Menschen auch um die Frage, wer wir eigentlich sind, wohin wir gehören, wem – vom Privatesten abgesehen – unsere erste Loyalität gilt. Und sicher haben kluge Wissenschaftler den Begriff der Identität hinreichend definiert und auch geklärt, wie er sich zu Begriffen wie Selbstverständnis und Individualität verhält.

Da jeder von uns ein Unikat ist, hat jeder Mensch seine ganz persönliche und einmalige Identität. Das ist aber nicht das, was Identitäre im Sinn haben. Sie wollen eine Gemeinschaft, die sie lenken können, die sich lenken lässt. Ein »Volk«, aber der Begriff ist aus der Zeit gefallen. Also »Nation«. Und vor 150 Jahren war die Nation als relativ junge und moderne Staatsform eng mit der Demokratie verschwistert. Wer innerhalb der staatlichen Grenzen lebte und der – später gewählten – Staatsgewalt folgte, der war Teil der Nation, mancherorts unabhängig vom Pass. Nation war eine zeitgemäße, fortschrittliche, auch liberale Form des Zusammenlebens. Das änderte sich, auch weil mit veränderter Mobilität das Internationale an Gewicht gewann, teils dominant wurde. Diesen Prozess erleben wir ja noch. Das Nationale schien eine kurze Phase in der Menschheitsgeschichte zu werden. Aber die Sache blockt. Auch weil unklar ist, was danach werden und gültig sein kann und soll.

Man macht am besten einen Selbstversuch. Welches Bewusstsein habe ich von meiner Identität, was ist mir wichtig von den Dingen, die meine Identität ausmachen? Und wie wichtig ist das Thema überhaupt?

Ich bin Deutscher, Europäer, Sozialdemokrat, Anhänger der freiheitlichen Demokratie.

(Ich kann mir gut vorstellen, dass Menschen, Frauen und Männer, einen erheblichen Teil ihrer Identität mit ihrem Lebensstatus und mit ihrem Beruf verbinden. Das gilt für Mütter und Väter und Großeltern und Freunde. Das gilt für Handwerker, Künstler, Ärzte, Lokführer, Sportler, Lehrer, Journalisten, Pfarrer, Piloten. Und das kann dann mit Wohnortwechsel, Lebensalter und Familienstand auch wechseln. Diese Identitäten sind nicht minderwertig im Vergleich zu den politisch/gesellschaftspolitischen, und nicht selten überlappen sie sich. Ich bleibe hier aber ausschließlich bei dem Teil des Themas Identität, der sich zentral auf den politischen und nationalen Teil des Themas bezieht.)

Und hier kommt das Grundgesetz ins Spiel mit den Grundrechten und klaren Festlegungen: Die Würde, das Leben, die körperliche Unversehrtheit, die Freiheit, das Recht, die Gleichberechtigung, der Anspruch auf Bildung und Freizügigkeit, auf religiöse und politische Anschauungen.

Das sind – von mir akzeptierte, gewollte, unterstützte – Festlegungen, die Erhebliches über meine Identität aussagen. Ich bin also erstens Anhänger der freiheitlichen Demokratie. Ihr gehört meine Loyalität! Und ich bin Deutscher, Europäer und Sozialdemokrat. Und das verträgt und verbindet sich auch mit der freiheitlichen Demokratie. Und es lässt in diesem Rahmen Platz für die individuellen Aspekte. Wer Menschen auf eine völkische oder nationale Identität festlegen und reduzieren will, will sie normen, will sie entindividualisieren, will sie lenkbar und letztlich missbrauchbar machen. Als älter werdender Deutscher rieche ich da Brandgefahr.

Stoppen wir den nationalistischen Quatsch, er hat schon zu viel Unheil angerichtet. In Deutschland und anderswo. Nehmen wir die Welt, wie sie heute ist – vielfältig. Und Vielfalt ist kein Widerspruch zu Frieden und Freiheit. Auch nicht in Deutschland. Ich habe keine Illusion: Vielfalt leben ist nicht immer einfach. Manchmal sogar schwierig. Aber Nationalismus ist die absolut falsche Antwort.

Wir waren unterwegs und bleiben es. Richtung Vielfalt.

Haben wir älteren Deutschen in Ost und West diese letzten 30 Jahre miteinander erlebt oder nebeneinander? Der ungebremsten Freude folgten Erwartungen, Betriebsamkeit, Verhandlungen, Einsichten, Veränderungen, Enttäuschungen, neue Hoffnungen, Gelungenes und Misslungenes, Abstieg und Aufstieg. Und immer der ganze Alltag, spannend und unvollkommen, wie er ist.

Und wieder galt im Großen wie schon 1945 und später: Das deutsche Ereignis in diesem Vorgang bleibt für uns Deutsche wesentlich, aber die Welt dreht sich weiter und hat ihre eigenen und auch wichtigen Herausforderungen. Ihr fehlt Zeit, in Ruhe der Organisation der deutschen Einheit zuzusehen. Und die wiederum erwies sich bald als ziemliche Herausforderung. Wenn ich 1989/90 mit den Freunden aus der nun offen aktiven Sozialdemokratie in der DDR sprach, war ich immer etwas angespannt. Wenn fremdes Publikum dabei war, noch mehr. Ich versuchte, mich ganz auf Verständlichkeit zu konzentrieren, den üblichen Slang, den Politikersprech und die Gemeinplätze wegzulassen. Sagen wir so: Es klappte unterschiedlich gut. Man konnte an nicht wenigen Stellen zwei Sprachen aus zwei deutschen Welten hören. Das ist weitestgehend hinter uns.

Ohne Einschränkung positiv waren die persönlichen Kontakte zu den Aktiven in der Politik, die ich vorher nicht gekannt hatte, aber bald hoch schätzte. Ich kann hier nur wenige nennen, aber das muss sein: Manfred Stolpe und Regine Hildebrandt, Wolfgang Thierse, Reinhard Höppner, Christine Bergmann, Matthias Platzeck und Harald Ringstorff, Wolfgang Tiefensee, Iris Gleicke, Markus Meckel, Dietmar Woidke, Christoph Matschie und Klaas Hübner, Siegfried Scheffler und Christina Lucyga, Hans-Joachim Hacker, Uwe Küster und Christel Hanewinkel, Stephan Hilsberg, von den Jungen Manuela Schwesig, Carsten Schneider, Daniela Kolbe, Martin Dulig. Die Aufzählung zu schließen, fällt schwer. Natürlich gab es auch unterschiedliche Meinungen untereinander, aber das ging nicht über das hinaus, was im politischen Alltag selbstverständlich und notwendigerweise als demokratischer Stil dazugehört.

Das Forum Ost muss erwähnt sein, regelmäßig von Manfred Stolpe, dann seinen Nachfolgern zusammengetrommelt zur Lagebesprechung, zur Vorbereitung von Initiativen.

Bei allem guten Willen – und den nehme ich hier nicht nur für die Sozialdemokraten in Anspruch – waren die Aufgaben, die zu lösen waren, doch gewaltig. Auch in diesem Fall wissen im Nachhinein viele vieles besser. Aber es gab keinen fertigen Plan für das, was zu tun war, einschließlich der Konsequenzen, die sich aus der auch ökonomischen Erosion der Sowjetunion und der kommunistisch regierten Länder in Osteuropa ergaben. Das Steuer musste nicht herumgerissen oder sensibel justiert werden, das Steuer musste erst mal konzipiert und gebaut werden. Die Herausforderung war fundamental. Zwei Welten stießen aufeinander, und die Realisierung der Einheit Deutschlands war nur der uns besonders betreffende, aber doch begrenzte Ausschnitt des Szenarios. Und immer wieder muss gesagt werden – im Osten wie im Westen –, wir freuten und wir freuen uns über die Freiheit und die Einheit. Eine unglaubliche Geschichte und dazu noch eine deutsche.

Bis 1989/90 gehörte die DDR eindeutig zum »Osten«, die BRD gehörte zum »Westen«. Das waren zwei Ideologien, zwei Staatsformen und -strukturen, zwei Selbstverständnisse, zwei Lebensweisen. Der Zusammenschluss brauchte Zeit, das wussten alle. Aber wie viel Zeit? In den besagten 11 Monaten zwischen dem 9. November 1989 und dem 3. Oktober 1990 wurden Strukturen der DDR zerlegt, neu geordnet. Ist es wirklich verwunderlich, dass nicht schlagartig gemeinsame Strukturen daraus wurden, sondern ein mühsamer Weg der Transformation begann?

Aber noch mal: Was geschah in diesen dreißig Jahren im vereinten Deutschland und was bleibt noch zu bedenken und zu tun?

Es gab 1990 nicht zwei Deutschland, sondern es gab die Bundesrepublik und die Demokratische Republik. Das ist keine Haarspalterei, sondern wesentlich. Die Deutschen in diesen beiden Ländern verstanden sich primär als BundesbürgerInnen oder BürgerInnen der DDR.

Der französische Präsident de Gaulle hatte früh das »Europa der Vaterländer« propagiert. Für die Deutschen in den beiden Staaten, so unterschiedlich diese auch waren, war das damals eine ziemlich altmodische Formel. Wir waren beide in gewisser Weise die Modernen unseres eigenen Lagers, als wichtiger Teil der Europäischen Union die Bundesrepublik und als wichtiger Teil des kommunistischen Ostens die Deutsche Demokratische Republik. Anders wären die beiden Staaten mit ihrer jeweils begrenzten Souveränität nach diesem Krieg auch überhaupt nicht denkbar gewesen. Wir Deutschen waren zwischen 1949 und 1990 auf seltsame Weise postnational.

Unser gemeinsamer Schritt 1990 und die dabei gewonnene nationale Souveränität dürfen uns nun nicht bequem werden lassen. Wir dürfen nicht zurückfallen, selbstzufrieden, in den Nationalstaat von vor 100 Jahren. Wir müssen Antreiber sein für Europa und für Formen internationaler Zusammenarbeit.

Aber hier fehlt noch ein Punkt. Auch die gängige Erzählung von West und Ost im vereinten Deutschland, die sich von Werten und/oder den Himmelsrichtungen ableitet, ist eine Simplifizierung. Sie traf und trifft die Lebenswirklichkeiten in Deutschland nur teilweise. Die Gefälle zwischen Ballungskernen und -regionen einerseits und peripheren Regionen und Siedlungen andererseits sind eine eigene Herausforderung. Bislang ist die Entwicklung unbefriedigend. Das erschwert das Miteinander. Es geht um mehr als Ost-West.

Deutschland hat ein hohes Niveau an Wohlstand, Zukunftsfähigkeit und Perspektive, aber alles dies im Durchschnitt. Und der hilft demjenigen bekanntlich wenig, der mit seiner Lebenswirklichkeit deutlich negativ vom Durchschnitt abweicht.

Markante demografische und raumordnerische Entwicklungen, die nicht erst im Einheitsprozess entstanden, aber sich verstärkten, brauchen mehr Aufmerksamkeit und bessere Antworten. Der Föderalismus wird zu sehr als eine Hierarchie gesehen, in der Ziele von der Bundesebene in die Länder und nach vor Ort durchgereicht werden. In Sachen Demografie und Raumordnung funktioniert so das Ziel der Gleichwertigkeit der Lebensverhältnisse (bisher) nicht hinreichend. Es geht nicht um Nivellierung, aber um Chancen und Perspektiven, die unserem Land insgesamt guttun werden.

Ein buntes Kapitel war mir dieses Deutschland von klein an. Ob Deutschsein meine Identität ist? Wie gesagt: nicht prioritär, aber doch in gutem Maße. Und meinen deutschen Pass behalte ich gerne.

Ob ich Deutschland liebe?

Da halte ich es mit Gustav Heinemann, unserem Bundespräsidenten von 1969 bis 1974, der als Innenminister im Kabinett Adenauer startete und im Streit um die Wiederbewaffnung sein Amt aufgab und zur SPD wechselte. Als er gefragt wurde, ob er Deutschland liebe, sagte er: »Ich liebe meine Frau.« Eine gute Antwort.

IV. SOZIALDEMOKRAT WERDEN UND SEIN

1965 war Bundestagswahl, und ich hatte beschlossen, dass die SPD gewinnt. Ich war nicht Mitglied, aber über die Jahre schrittweise Sympathisant geworden.

Meine Eltern waren in alter Zeit Zentrums-Wähler gewesen, und die große Verwandtschaft führte bei den Familientreffen an den Namenstagen die unvermeidliche Debatte um Zentrums-Treue und CDU-Modernität. Erst abwägend, dann zunehmend lautstark. Die Männer tranken dabei Bier und Schnaps, die Frauen schlugen deshalb vor, gemeinsam die Lieder aus der Wandervogelbewegung zu singen. Das funktionierte meistens, alle waren zufrieden: Aus grauer Städte Mauern. Im Frühtau zu Berge. Und die unvermeidliche »Blaue Blume«, die man finden muss. Irgendwann stimmte mal einer das Lied von den Blauen Dragonern an. Er wurde unterbrochen, und man stellte einvernehmlich fest, dass dies ein kriegsverherrlichendes und Nazi-verdächtiges Lied sei, »das hier nicht gesungen werden darf«. Es kam nicht wieder vor. Mein Vater, der kein Nazi gewesen war – ich war da ganz zufrieden mit ihm –, gab sich in diesen wiederkehrenden Debatten als moderater Modernisierer zu erkennen, war aber kein Wortführer. Diese ganze Politik war nicht seine Sache.

Als zwischen uns beiden irgendwann das Gespräch auf die Politik kam, riet er mir kurz und bündig: »Geh nie in eine Partei.« Und: »Nie wieder deutsche Stiefel im Ausland.« Das habe ich zur Kenntnis genommen. Ich wusste nicht so recht, aber unsympathisch war mir das nicht.

Zur Bundestagswahl 1949 tauchte irgendwann ein Prospekt der SPD bei uns zuhause auf. Von der Partei hatte ich zu der Zeit noch nie gehört und fragte meinen Vater nach ihr. Seine Antwort stellte die Sache eindeutig klar: »Evangelische Flüchtlinge«. Also falscher Glaube und Fremde mit Dialekt. Das kannte ich, diese Art Leitkultur war mir oft begegnet in den Jahren zuvor. Ich hatte damals Menschen in einer fremden Sprache betteln hören hinter der Hecke, die wenige Meter entfernt von unserer Wohnung endete und die ein Grundstück eingrenzte, auf dem Menschen lebten, die man Zwangsarbeiter nannte. Wenn man Kartoffelschalen durch die Hecke schob, was mir verboten war, meine Mutter aber heimlich verschämt ab und an tat, wie ich still beobachtet hatte, kam bald ein kleines Stückchen Seife von dort als Antwort. Das war die Zeit gewesen, als ich auf dem Nachhauseweg zufällig und unbeobachtet eine Szene erlebte, über die in den Tagen danach die Erwachsenen flüsternd redeten, selbstverständlich nicht mit uns Kindern. In einer Fabrik in unserer Nähe wurde ein russischer Zwangsarbeiter gezwungen, sich nackt auszuziehen und in die Kälte zu stellen und wurde dann mit kaltem Wasser übergossen. Das vergisst man nicht. Da stimmte was nicht.

Am 1. April 1946 begann meine Schulzeit. Ich ging gerne dorthin. Aber am ersten Tag – meine Mutter war noch dabei – erhielt ich ein Lesebuch, aus dem Seiten herausgerissen waren. Ich war ordentlich und habe das reklamiert und wollte ein anderes Buch. Aber die anderen Bücher hatten auch diese Lücke. Die Lehrerin und meine Mutter konnten mir die Sache nicht recht erklären, versprachen aber, dass bald neue Bücher gedruckt würden, die alle Seiten hätten. Ich habe mir das gemerkt und war misstrauisch. Ich war ja nicht dumm. Was war mit den überall herausgerissenen Seiten?

Ich war nun Schüler der katholischen Volksschule St. Johannes. Jungen und Mädchen wurden getrennt unterrichtet, und es gab in der Schule nur katholische Kinder. Für die Kinder aus evangelischen Familien, die als Heimatvertriebene gekommen waren und immer noch kamen, wurde eine kleine evangelische Schule eingerichtet, gut 200 Meter Luftlinie entfernt. Dazwischen lagen ein Bach, der Kindergarten und ein Industriebetrieb. Nachmittags spielten wir gemeinsam Fußball und später – so in Klasse 7 und 8 – fanden wir die evangelischen Mädchen durchaus passabel.

Das waren – zwischen meinem fünften und vierzehnten Lebensjahr – interessante Erfahrungen und nicht die einzigen einschlägigen.

Einige Ereignisse und Geheimnisse aus den Kriegsjahren waren geblieben und die Unvereinbarkeit von Katholizismus und Protestantismus in der Schule, die uns ja dort von Geistlichen und Lehrern gründlich vermittelt wurde, hat mich beschäftigt.

Als ich sechzehn war, erfuhr meine Mutter von meiner Freundschaft zu einem Mädchen, ohne dass sie gewusst hätte, wer das war. Sie war besorgt, fragte mich aber nicht danach, was wir so machten, sondern hoffte nur, »dass sie nicht evangelisch ist«. Sie war es nicht. Die Situation war gerettet, aber mir half das nicht wirklich. Dass der Protestantismus nicht zum Sauerland gehörte, schien mir absurd. Der intensive Klatsch über tiefgreifende Familienstreitereien wegen »Mischehen« zeigte aber, dass das kein Spaß war.

Das geht so nicht? Weil Protestanten schließlich doch was anderes sind als Muslime? Oder umgekehrt? Als Kind denkt man sich seinen Teil und merkt es sich. Als Erwachsener sagt man es auch. Doch: Es gibt Parallelen im Verhalten.

Um 1956/57 begannen mich Bücher und öffentliche Debatten zu interessieren. Vorher war ich mit Indianer- und Fußballspielen voll ausgelastet gewesen und im Übrigen seit 1954 schon in der Ausbildung zum Industriekaufmann, die damals noch Lehre hieß, und Mitglied der Gesetzlichen Rentenversicherung. Und: Arbeiter sind in der AOK. Ihr im Büro seid in der

DAK, sagte meine Chefin und regelte das. Ich war gerade vierzehn, als die Schulzeit endete. Ich wurde gerade siebzehn, als ich die berufliche Abschlussprüfung machte vor der Industrie- und Handelskammer.

Ich stieß in den Jahren auf Reding und Böll, auf Tucholsky und Brecht, Kafka und Dostojewski, den Spiegel und WDR 3, der meine Heimvolkshochschule wurde, auf Albert Camus.

Ohne Anleitung, Gebrauchsanweisung und Ziel, ohne Aussprache mit irgendwem stopfte ich das alles autodidaktisch in mich hinein, verstand wenig, aber doch so viel: Es gab da noch eine andere Welt, eine sehr spannende. Ich fing an, mir Notizen zu machen.

1961 durfte man erst mit 21 Jahren wählen, und ich nahm zum ersten Mal an einer Bundestagswahl teil. Ich wählte Willy Brandt, also die SPD. Aber die bekam nur (!) 36,2 Prozent der Stimmen. Das reichte nicht. CDU hätte ich auf keinen Fall gewählt, so weit war ich. Teile der FDP waren da attraktiver, andere Teile umso weniger. Ich war damals als Wehrpflichtiger bei der Bundeswehr. Mein Zugführer fragte mich zu der Zeit immer mal wieder, was ich mir denn da für Notizen mache. Und was ich denn gerade so lese. Sebastian Haffner. Nun ja, es war die Wahrheit. Das fand er wohl daneben, wusste aber nicht so recht, warum. Es war auch nur ein Ablenkungsmanöver, ich hätte ihn auch richtig erschrecken können.

Wieder im Beruf als Industriekaufmann, gingen die Jahre von 1962 bis 1965 hin mit neugierigem Lesen und wachsenden Fragezeichen. Die Spiegel-Affäre war ein nachwirkender Verstärker. Der Mief im Lande wurde dicker oder meine Nase (und die anderer) wurde sensibler. Die gemütliche Wohlstandsunbeschwertheit verlor ihren Charme. Das mit der Demokratie begann mich wirklich zu interessieren. Ich las und las und fand und fand und fühlte mich wie ein politisches Trüffelschwein. Und wählte auch 1965 Willy Brandt, SPD. Wieder nichts: 39,9 Prozent (!).

Das reichte mir nun. Ich ging zur SPD, um Mitglied zu werden. Die waren erfreut, aber auch überrascht, und es dauerte bis zum 1. März 1966, bis ich das Parteibuch in der Hand hatte. Die damalige Ausgabe war blau, nicht rot. Sterbekasse war möglich, darauf verzichtete ich. Als Aspirant durfte ich aber schon in der Ortsvereinsversammlung Gast sein. Und gleich bei meiner ersten Teilnahme erfuhr ich, dass Willy Brandts Zeit – »zweimal verloren, 1961 und 1965, und überhaupt« – endgültig vorbei war. Fritz Erler, hochgeschätzter Außenpolitiker, wurde Vorsitzender der SPD-Bundestagsfraktion und war damit Anwärter auf das Kanzleramt 1969, jedenfalls auf die Spitzenkandidatur. Es kam anders. Kanzler Erhard musste Ende 1966 aufs Amt verzichten – »die Schwarzen waren in so was immer schon brutaler als die SPD«, sagten meine Genossen –, und Kurt-Georg Kiesinger (ehem. NSDAP) wurde Kanzlerkandidat für eine Große Koalition mit der SPD. Ich war dagegen, die Jusos überhaupt, und ich habe auch an die Baracke in Bonn geschrieben. Keine Reaktion. Die Große Koalition kam, auch weil in den Ortsvereinen berichtet wurde, dass Fritz Erler, höchste Autorität, plötzlich erkrankt, sie befürworte. Willy Brandt, vor den Nazis geflohen, wurde Außenminister und Vizekanzler, Herbert Wehner, viele Jahre Kommunist, ging ins Kabinett, Karl Schiller (auch ehem. NSDAP) wurde der Star auf der SPD-Seite. Helmut Schmidt, bis dahin Stellvertretender Fraktionsvorsitzender, wurde deren Vorsitzender, als Fritz Erler Anfang 1967 starb. Willy Brandt, noch Parteivorsitzender und Regierender Bürgermeister in Berlin, war wieder unbestritten Erster. Ob wir, wenn Fritz Erler gelebt hätte, Willy je in seiner Bestform gesehen hätten, ist Spekulation. Er selbst hatte nach der Bundestagswahl verlauten lassen, eigentlich sei er von Herzen Stadtpolitiker, wurde kolportiert, aber nicht geglaubt. Ausgerechnet Willy!

Mir blieben diese Personalrochaden als ein Beispiel dafür bewusst, wie sehr in der Politik – und wohl überall im Leben –

vieles von sogenannten Zufälligkeiten abhängt. Wer was wo wird und ist, hängt von mancherlei Dingen und Ereignissen ab. Das ist gut so. Sich seiner Ersetzbarkeit bewusst zu sein, macht freier und gelassener, verhindert Größenwahn und Depression. Das mindert nicht die Leistung der Person, die vorne steht, hier Willy Brandt.

Ich selbst wurde in meinem Ortsverein formal Juso-Vorsitzender, was leichtfiel, denn ich war der einzige Juso in der Versammlung. Und ich wurde Schriftführer im Ortsvereinsvorstand. Diese Funktion empfehle ich jeder und jedem, die mitmischen wollen. Denn Schriftführer sein in einem überschaubaren Verein, wenn man das Amt ernst nimmt und seine Potenziale zu nutzen weiß, ist vorteilhaft. Es beinhaltet unausgesprochen den Job des Geschäftsführers, wenn man ihn denn ausfüllen will. Ich wollte.

Ich hatte bis dahin Karl Marx nicht gelesen und nicht die anderen Bibeln des Sozialismus. Und mein Interesse an Lese- und Nachdenkstoffen reduzierte sich nicht auf das Parteiprogrammatische. Allerdings, das Godesberger Programm vom November 1959 war mir in Sprache und Inhalt doch bald eine orientierende Lektüre und blieb es.

Mit dem Widerspruch unserer Zeit und der Hoffnung dieser Zeit.

Mit dem Resümee: »Diesen Widerspruch aufzulösen, sind wir Menschen aufgerufen. In unsere Hand ist die Verantwortung gelegt für eine glückliche Zukunft oder für die Selbstzerstörung der Menschheit.«

Und: »Freiheit, Gerechtigkeit und Solidarität, die aus der gemeinsamen Verbundenheit folgende gegenseitige Verpflichtung, sind die Grundwerte des sozialistischen Wollens.«

Und: »Die Sozialdemokratische Partei ist aus einer Partei der Arbeiterklasse zu einer Partei des Volkes geworden.«

Das passte alles gut zu den allgemeinen Menschenrechten, die unsere Diskussionen bestimmten. Bis hin zu den politischen Absurditäten, die sich auch hautnah in der Kommunalpolitik fanden. Grundsätze und den politischen Alltag wussten wir wohl zu verbinden.

Ja, die junge Generation war 1966/67 auch im Sauerland ansprechbar. Ich lud also ein im Namen der Jungsozialisten, in den proppevollen Mini-Saal der einzigen Gaststätte im Ort, die Sozialdemokraten in ihrem Haus tagen ließ (1966). Respekt, Café Lange! Ich hatte mich gut vorbereitet und referierte, erläuternd und von meinen Themen begeistert, gefühlte zwei Stunden lang. Die Jungs (waren auch Mädchen dabei?) waren erstaunt und dann platt und die meisten sind nie wieder zu Juso-Veranstaltungen gekommen. Ich wusste, es lag an mir. Ich irrte mich auch, was die Außenwirkung intensiver parteilicher Debattenkultur anging. Ich sorgte für eine dichte Folge von Mitgliederversammlungen und machte mich lustig über die verschlafene CDU in unserer Gemeinde, bei der Ortsvereinsversammlungen offensichtlich Rarität waren oder als Nikolausfeiern stattfanden.

Unser innerparteilicher Aktionismus zahlte sich bei Wahlen nicht aus. Während wir Parteiversammlung hatten, waren die CDUler bei der Feuerwehr, dem Gesangsverein, dem Sportverein, dem Mütterverein, dem Kirchenvorstand und vor allem beim Schützenverein präsent. Ich weiß nicht, wie weit sie dort gezielt politisch wirkten oder ganz einfach vertrauensbildend mitmachten. Es brachte ihnen jedenfalls Zustimmung bei Wahlen, eindeutig.

Wir haben aus diesen Erfahrungen gelernt und einiges an unserer politischen Arbeit vor Ort geändert. In den Außenbereichen unserer kleinen Stadt, wo ohnehin schon mehr Zugezogene (Buiterlinge = Außenstehende) als Alteingesessene (Poahlbürger = Kernbürger) bauten und lebten, halfen wir Siedlergemeinschaften gründen, die sich gelegentlich trafen, aber vor allem jährlich an einem Wochenende ein Siedlerfest feierten für alle Generationen und offen für alle. Das hat

Spaß gemacht, Bekanntschaften begründet und gefestigt. Die Leber war allerdings gefordert. Bei der Kommunalwahl 1969 und noch lange Zeit danach gewannen wir Sozis in diesen drei Stimmbezirken die drei Mandate direkt. Ein Paukenschlag. Das hatte es noch nie gegeben in unserer Stadt.

Bei der Kommunalwahl 1969 waren wir bei der SPD vier, die unter 30 Jahre alt waren und die dann auch in den Rat kamen. Einer hatte Abitur. Ich bekanntlich nicht. Heute hätten wir alle vier das Abitur, aber keiner wäre – wahrscheinlich – mehr vor Ort. Ein echtes Problem der Nachwuchsfrage in den demokratischen Parteien. Noch mal: ein echtes Problem!

Das über Jahrzehnte deutlich verbesserte Bildungsangebot für viele, besonders auch für junge Frauen, führte zu einer Bildungswanderung, die das Verwachsen dieser wichtigen Gruppe junger Menschen mit der Kommune und dem gesellschaftlichen und politischen Leben dort deutlich reduziert hat. Bestenfalls haben sie je ein Bein zuhause und in der Uni- oder Arbeits- und Wohnstadt. Diese wirkungsmächtige Binnenwanderung junger Menschen ist nicht vorbei. Es macht keinen Sinn, diese Entwicklung schlecht oder gut zu finden. Aber sie ist folgenreich und erfordert, sich darum zu kümmern. Gesellschaft und Politik sind gefragt. Die Demokratie braucht diese jungen Menschen.

Mit der Bundestagswahl 1969 vollzog sich eine Epochenwende. Die 42,7 Prozent SPD-Stimmen und die 5,8 Prozent für die FDP reichten für eine schmale, aber belastbare neue Regierungskoalition – SPD/FDP mit Willy Brandt und Walter Scheel an der Spitze der Regierung. Die Verbindung zur FDP hatte sich vorher schon in NRW (LTW 1966) und bei der Bundespräsidentenwahl am 5. März 1969 angekündigt, als Gustav Heinemann knapp gewann. Gegen ihn war Gerhard Schröder (CDU) angetreten, dem auch die NPD-Mitglieder in der Bundesversammlung ihre Unterstützung angekündigt hatten.

Die Nationaldemokratische Partei Deutschlands, NPD, war in der zweiten Hälfte der 1950er-Jahre zunehmend aktiv und populär und auch bei einigen Landtagswahlen in die Parlamente gewählt worden. Ihr Vorsitzender Adolf von Thadden trat in Westfalen an mehreren Orten auf, so in Iserlohn und in Arnsberg. Wir Jusos organisierten und verstärkten Gegendemonstrationen und warnten vor Neonazismus. Es gab Turbulenzen bei Polizeieinsätzen.

Es war überhaupt eine Zeit permanenter Debatten und Aktionen. Kurz- und Wochenseminare, Treffs und Konferenzen und öffentliche Veranstaltungen, Flugblätter und Leserbriefe gab es in dichter Folge, vollgestopft mit Erkenntnissen und Bekenntnissen, mit Relativierungen und neuen Erkenntnissen. Unsere Region und das Land und die Welt waren unsere Themen. Bildung mehr als Revolution. Frieden mehr als Sicherheit. Freiheit mehr als Wohlstand. So neu sind soziale Netzwerke nicht, damals – klar – ohne Internet. Ich würde mich wieder statt für digital für die konkrete reale Variante entscheiden. Ich wurde diesbezüglich zur richtigen Zeit geboren. Wir sahen uns an, wenn wir miteinander sprachen. So erkannte man leichter, wenn jemand ahnungslos schwadronierte oder platt log.

In den Vorträgen gab es keine Charts, aber Begeisterung und manchmal hing man an den Lippen.

Das Jahr vor diesen Ereignissen, 1968, hatte neben den Studentenprotesten, die wir vom Sauerland aus interessiert beobachteten, aber doch zwei Themen und Ereignisse, die uns deutlich mehr bewegten.

Da waren die Notstandsgesetze, die in der SPD und bei den Gewerkschaften überwiegend sehr kritisch gesehen wurden, die aber doch Gegenstand der Koalitionsvereinbarungen waren. Der Nürnberger SPD-Parteitag am 17. März 1968 war verbunden mit heftigen Gegendemonstrationen. Ich schrieb den CDU- und SPD-Bundestagsabgeordneten in meinem Wahlkreis und war enttäuscht von der einen Antwort und dem Ausbleiben der anderen. Konnte eine Große Koalition eine Gefahr für die Demokratie sein?

Noch mehr bewegte uns, was in der Tschechoslowakei geschah, im »Prager Frühling«, mit diesen mutigen, liberalen Sozialisten, mit denen wir gerne in friedlicher Nachbarschaft leben wollten und die bewiesen, dass dieser »Osten«, wie der Kommunismus hieß, auch Menschen und Akzente hatte, die nicht das pure Gegenteil von Demokratie waren, sondern grundsätzlicher, freier, innovativer als so manches bei uns. Mit dem Niederwalzen dieses Frühlings hat der Kommunismus sowjetischer Prägung endgültig den eigenen Niedergang eingeläutet. Wer von uns wirklich Hoffnungen auf solchen Sozialismus in Demokratie hatte, begrub sie 1968.

Und dann also Bundestagswahl 1969 und Willy Brandt: Wir wollen mehr Demokratie wagen. Wir wussten, es lohnt sich. Was für eine Chance. Am 28. September die Wahl, am 28. Oktober 1969, nach wenigen Verhandlungen und wenig detaillierten Vereinbarungen, Brandts Rede, die das Koalitionsmotto prägte. Das war keine buchhalterische Vereinbarungsbilanz als Arbeitsbuch, das abzuhaken sei. Das war die Botschaft von Demokratie und Zuversicht, neuen Ideen und geistigem Wandel, also Inspiration. Die Zeit war reif. Das saß. Das hatte Zukunft. Mehr Mitbestimmung, mehr soziale Gerechtigkeit, mehr Bildung, mehr Innovation, mehr Weltoffenheit. Die Ostpolitik, an der Willy Brandt schon als Außenminister der Großen Koalition gearbeitet hatte, wurde schnell zur dominierenden Idee dieser Jahre. Moskau – Warschau – Ost-Berlin. Wir wollen gute Nachbarn sein. Innen und nach außen. Wandel durch Annäherung. Kontakte – Verhandlungen – Vereinbarungen. Aber es gab auch die laute, immer härtere Gegenreaktion im eigenen Land. Willy Brandt, der Vaterlandsverräter, der so tat, als ob es die »DDR« wirklich gibt, und der Polen nichts abverlangt an ehemals deutschen Regionen. Die Attacken wurden massiv. Härter habe ich die fundamentalen Auseinandersetzungen zwischen den demokratischen Parteien nie empfunden als in dieser Phase. Willy stand es aus.

Die Verträge waren fertig, aber im Deutschen Bundestag schwand die Mehrheit. Parteiaustritte, Parteiübertritte. Eine klare Gegenfront der Union.

Am 27. April 1972 kam es zum konstruktiven Misstrauensvotum der CDU/CSU-Fraktion: Willy Brandt sollte abgewählt werden, indem Rainer Barzel zum Bundeskanzler gewählt wurde. Es stand Spitz auf Knopf. Am Tag der Entscheidung gab es kein anderes Thema. Und keiner wollte und keiner konnte sich verstellen. Einige hatten im Betrieb ein Kofferradio dabei und verfolgten die Berichterstattung. Kurz bevor das Ergebnis verkündet wurde, standen die Maschinen still. Und dann entlud sich ein Freudenschrei kreuz und quer durch den Betrieb. In einem Betrieb, der ohne gewerkschaftliche Tradition war. In dem viele CDU-Mitglieder waren. Verdammt, was waren wir Sozis stolz und begeistert.

Da gab es kein Abwägen. Es gab nur ein Dafür oder ein Dagegen. Man sah sich an und wusste, was der andere fühlte, dachte, meinte. Was wäre geworden, wenn das Ergebnis ein anderes gewesen wäre? Ein Desaster. Und keine deutsche Einheit nur 18 Jahre später, das darf man wohl mutmaßen.

Aber nun bekamen die Ostverträge im Bundestag eine – immer noch knappe – Mehrheit. Respekt vor den Unions-Abgeordneten, viele waren es nicht, die nun offen dafür stimmten, Richard von Weizsäcker gehörte dazu. Für den Herbst kündigte sich bald eine vorgezogene Bundestagswahl an und vor allem wir Jüngeren fühlten uns stark genug, als Kandidaten anzutreten an vielen Stellen im Land. In meinem Sauerland-Unterbezirk, der etwa die Hälfte des Wahlkreises ausmachte, fiel die Wahl auf mich oder ich schlug mich selbst vor. Ich weiß es nicht mehr so genau und schließe nichts aus. Ich stellte mich der Wahlkreiskonferenz als Alternative zum bisherigen MdB

Günter Jaschke, SPD. Ich verlor mit 48 zu 52 Prozent. Ich war 32, nun ja, es war nicht aller Tage Abend. Aber ich hatte auch Freunde bei den alten Strippenziehern und sie trösteten mich mit Platz 36 (oder ähnlich) auf der Landesreserveliste NRW. Ziemlich weit hinten, das wussten alle, denn in NRW wurden und werden relativ viele Wahlkreise von der SPD direkt gewonnen. Listenplätze sind also alles andere als sicher.

Aber die vorgezogene Bundestagswahl lief sehr gut. Das war die Willy-Wahl. 45,8 Prozent für die SPD. Stärkste Partei. Auch die Landesliste zog weit – bis vor meinen Platz. Knapp daneben ist auch vorbei. Es kam doch noch anders. Im Sommer 1975 schied Friedhelm Farthmann aus dem Bundestag aus und wurde Minister in Nordrhein-Westfalen. Ich habe unruhig geschlafen, als ich das erfuhr. Ich war verheiratet, wir hatten zwei Kinder, ich war in einem sicheren, passablen Job in einem kleinen soliden Industriebetrieb am Wohnort, und schon im Herbst 1976, in 1¼ Jahren, würde wieder Bundestagswahl sein. Wie waren die Chancen, nominiert und abgesichert zu werden? Schließlich gewinnt man als Sozi im Sauerland nicht den Wahlkreis. Würde es ein kurzer Ausflug nach Bonn werden und eine schnelle bittere Rückkehr auf diesen oder einen anderen Arbeitsplatz?

Aber Abgeordneter sein, das war mein Ziel, und ich habe es riskiert und nahm das Mandat an und wurde am 10. Juni 1975 Mitglied des Deutschen Bundestages. Es begann mit einer Überraschung: Der Wahlkampf begann für mich hier und jetzt. Ich hatte ab sofort einen Gegenkandidaten, ansehnlich und klug, er war Journalist und als solcher in der Pressestelle der Bundestagsfraktion und im Zweifel vor der heimischen Partei und vor der Presse schneller und besser informiert als ich, der »Nachrücker«, der zunächst einmal das System Bundestag begreifen lernen musste. Bei der Wahlkreiskonferenz 1976 gewann ich aber mit 51:49. Ich kam bei der Wahl über die Landesliste sicher in den Bundestag und blieb dann lange dort. Bis zur

Bundestagswahl 2013, zu der ich nicht mehr antrat. Zwischendrin war ich sechs Jahre Minister und Landtagsabgeordneter in NRW.

Abgeordneter war ich immer gerne, Volksvertreter. Es gab und gibt für mich in der Demokratie kein Amt darüber. Volksvertreter sein, das ist der Auftrag, auf Ehre und Gewissen mitzuwirken beim Bemühen der Legislative, Gesetze und Regeln zu schaffen, die ein gutes Zusammenleben garantieren, soweit möglich. Friedlich, freiheitlich, gerecht und solidarisch. Dafür gewählt zu werden und mit dem Vertrauen und einem im Kern freien Mandat auf Zeit ausgestattet zu sein, fand und finde ich unschlagbar. Ich hoffe, ich war nicht eingebildet, aber ich war doch stolz darauf. Und ich habe mich bemüht, Gutes daraus zu machen.

Fraktionen sind ein Rudel, in das man aufgenommen wird und in dem man seinen Platz finden muss. Wenn man kurz vor Ende der Legislatur nachrückt, fällt man besonders auf, wird willkommen geheißen, eingeladen, ausgefragt, auch auf »Links« oder »Kanal« (konservativ) getestet, zumindest in der SPD-Bundestagsfraktion Mitte 1975. Ich war 35 und noch Jusonah und sah mich beim (linken) Leverkusener Kreis um, den man als einschlägig kannte. Vielleicht haben sie mich auch mitgeschleppt in die alte Landesvertretung Niedersachsen. Jochen Steffen war immer mal wieder dabei. Wenn er von Gottvater sprach, meinte er Willy Brandt. Man lernte die gängigen Kürzel schnell. Aber zwischen den prinzipiellen und folkloristischen und knackigen linken Auftritten und Tönen dort und dem Alltag in Fraktion und Parlament fand ich keine überzeugende Klammer. Also holte ich mir Rat bei Heinz Westphal, den ich aus meinem Parteibezirk kannte. Er empfahl mir ganz ohne Eifer Kreisunabhängigkeit: Such dir ein Thema. Wisse da Bescheid. Rede nicht zu oft in der Fraktion. Nie beliebig. Und wenn sie irgendwann wissen, es lohnt sich, dir zuzuhören, weil du in der Sache was zu sagen hast, das sie im Wahlkreis gebrauchen können, wird es unwichtig, ob du Leverkusener bist oder Kanaler, »Linker« oder »Rechter«. Der Heinz Westphal war ein kluger Mann. Ich machte mich auf den Weg.

Helmut Schmidt war Bundeskanzler und saß mit seinen 40 Zigaretten und zwei Flaschen Cola vorne am Vorstandstisch, was in dem kleinen Fraktionssaal ziemlich nah war. Meistens war er ärgerlich, weil er dem Gelaber zuhören sollte, aber doch eigentlich die Welt retten musste, wie er uns wissen ließ. Herbert Wehner, unter Dampf, leitete und lenkte, brummte und tobte, rückte zurecht und feuerte an. Hans-Jochen Vogel, den ich vor meiner Bundestagszeit kaum kannte, fand ich immer erstklassig sortiert. Ich habe ihn in so manchen Situationen unterschiedlichster Art erlebt und schätzen gelernt. Er hat für die Sozialdemokratie und das Land in schwierigen und auch kritischen Zeiten die Fahne hochgehalten und Verantwortung übernommen und getragen. Die nach ihm kamen, haben es ihm nicht leicht gemacht. Und nicht immer gedankt. Großen Respekt, Hans-Jochen Vogel!

Helmut Schmidt, das wurde 1974 und später bald klar, musste einiges abräumen, was sich in der Zeit vorher aufgestaut hatte. Die Zeit des fröhlichen Wohlstandswachstums war sowieso vorbei, die Gewitter kamen näher. Ölkrise, Arbeitsmarktprobleme, RAF. Das waren Brocken, nach 30 Jahren glattem Aufstieg ungewohnte Brocken. Er war ein starker Kanzler, besser als sein Image bei uns damals Jungen. Er behielt mit fast allem recht, auch mit dem NATO-Doppelbeschluss.

Nur gerade fünf Jahre jünger als Willy, war er eine andere Generation. Willy, der vor den Nazis Geflohene, Helmut in Uniform – das waren zwei Welten. So sehr kann man geprägt oder verkannt werden durch die Zufälligkeit seines Geburtsjahres. Ein Lehrstück.

Und als Helmut Schmidt – letztlich er persönlich – nach Beratungen mit allen Verantwortlichen aller Parteien gegen die

Freisetzung von RAF-Verbrechern entschied und dann Hans-Martin Schleyer ermordet aufgefunden wurde und Helmut Schmidt als Kanzler an der Seite von Frau Schleyer zum Trauergottesdienst ging, hat man ahnen können, was in ihm vorging. Nicht schuldig, aber mitverantwortlich zu sein für diese verbrecherische Tat. Politische Verantwortung kann eine tragische Last sein, so oder so unvermeidlich. Die gute Geste von Schleyers Sohn ihm gegenüber – später – muss Helmut Schmidt tief bewegt haben.

Helmut Schmidts Maxime, die ihn begleitete, konnte auch für uns Jüngere Leitwort sein: pragmatisches Handeln zu sittlichen Zwecken und Zielen. Er war unideologisch-frech, aber kein Opportunist. Er kämpfte als Sozialdemokrat um den richtigen Weg zum richtigen Ziel. Einer unserer Großen.

Ich blieb in der Praxis der Parlamentsarbeit dicht am Kommunalen und wurde wunschgemäß Mitglied im Ausschuss für Raumordnung, Bauwesen und Städtebau, einige Jahre später Sprecher der Fraktion für dieses Ressort. Und ich ging in den Petitionsausschuss und blieb fast acht Jahre dort. Man musste dafür einmal in der Woche früh aufstehen, denn dieser Ausschuss begann damals weit vor den anderen. Ich habe die vielen Eingaben hilfloser, frecher, verzweifelter, ratsuchender und ratgebender, auch nörgelnder Bürgerinnen und Bürger gerne gelesen und bearbeitet und viel gelernt. Ab und an konnte man sogar helfen. So unmittelbar erlebt man das sonst als MdB eher selten so im Detail, vom eigenen Wahlkreis und den dortigen Bürgersprechstunden abgesehen.

Alle Aufgaben, die ich im Weiteren übernahm, in der SPD im Sauerland, im Bezirk Westliches Westfalen, im Landesverband NRW, in der Bundespartei, im Kabinett und in der Bundestagsfraktion, kamen zustande, weil mal der und mal die mich ansprachen und mich anhielten, dafür anzutreten. Drängelei in Funktionen war nicht meine Sache. Ich habe allerdings auch nicht alles gemacht, was sich vielleicht anbot an Funktionen. Wählerisch blieb ich schon. Ansonsten wusste ich ja, dass es sehr zufällig ist, wohin die Wellen einen spülen. Und dass man gewinnen, gestalten oder aushalten muss. Der Vorsitz der Bundestags-Fraktion war meine anspruchsvollste Aufgabe. Aber es gab vorher ein zweites Amt, um das ich mich gezielt beworben habe, nämlich erster Generalsekretär der SPD zu werden.

Auf dem Mannheimer Parteitag im Herbst 1995 war ich auf Vorschlag des Ex-Parteivorsitzenden Rudolf Scharping zum Bundesgeschäftsführer gewählt worden, nachdem dieser zuvor eine Kampfabstimmung gegen Oskar Lafontaine um den Parteivorsitz verloren hatte. Damit bekam ich Mitverantwortung für den Wahlkampf 1998, der zu einem grandiosen Erfolg wurde.

Nach Gerhard Schröders überragendem Sieg bei der Landtagswahl in Niedersachsen Anfang März 1998 verzichtete Lafontaine auf die Kanzlerkandidatur, in der er sich bis dahin immer gesehen hatte. Er sah, dass Gerhard Schröder tatsächlich (oder nur vielleicht?) bessere Chancen in der Wählerschaft hatte als er, die Bundestagswahl im Herbst des Jahres erfolgreich zu bestehen. Als er am Wahlabend dann das Ergebnis sah, wusste er, dass er nicht mutig genug gewesen war, und meinte: Er hätte auch Helmut Kohl schlagen können. Dann versuchte er, die Wirklichkeit doch noch seinem Wunsch anzupassen. Das war ein schwerer Fehler, bitter für die deutsche Sozialdemokratie, wie sich 2005 endgültig zeigen sollte.

Die drei wichtigsten Personen im Wahlkampf 1998 waren Helmut Kohl (»Kohl muss weg«), Gerhard Schröder (Innovation) und Lafontaine (Parteivorsitzender) – in dieser Reihenfolge. Entscheidend war, dass Kohl sich geirrt hatte mit seiner Kandidatur. Sein Sockel war längst brüchig. Wolfgang Schäuble hätte bessere Chancen gehabt.

Unser KAMPA-Wahlkampf in Richtung Rot-Grün war gut vorbereitet, voll in der Spur und – es war nur noch ein halbes

Jahr bis zum Wahltag – nicht mehr zu korrigieren von denen, die nun zusätzlich in die Wahlkampfleitung geschickt wurden. Matthias Machnig, Kajo Wasserhövel und das schlagkräftige KAMPA-Team, ein starkes Netzwerk, sorgten im Einvernehmen mit mir dafür, dass wir auf Erfolgskurs blieben und dass niemand die Suppe versalzen konnte. Je näher der Wahltag, der 27. September 1998 kam, umso lockerer und überzeugender wurde Gerhard Schröder. Er konnte wahlkämpfen. Und nicht nur 1998.

Man kennt das Ergebnis: Zum ersten Mal eine rot-grüne Bundesregierung und Gerhard Schröder wurde Bundeskanzler. Zum ersten und auch bis heute einzigen Mal in dieser Bundesrepublik sortierte sich die Regierungsmacht umfassend neu. Die SPD hatte 16 Jahre lang nicht auf Bundesebene regiert und die Grünen noch nie. Mir hat es Spaß gemacht mit diesen Grünen. Sie waren von der Sache und sich selbst begeistert und echte Pfadfindertypen. Freie Fahrt für Soziale Demokratie und Ökologie, für Vielfalt und Liberalität, für Gleichstellung und Toleranz.

Bei Union und FDP war Feuer unterm Dach, sie waren überrumpelt. Doch wir als neue Koalition waren nicht wirklich gut vorbereitet. Lafontaine versuchte, mit einem Superfinanzministerium Handlungsmacht zu gewinnen. Das Ergebnis ist bekannt. Die FDP verlor die Rolle des Z;üngleins an der Waage, in der sie sich seit 1969 gefiel, und sie hat bis heute keine neue Rolle gefunden. Die Jungs der Union, die eigentlich nach Kohl das Land unter sich aufteilen wollten, setzten auf den Bundesrat als Gegenregierung. Der Balkan war im Krieg, Deutschland involviert, gefordert. Im Februar 1999 verlor die SPD die Landtagswahl in Hessen, auch wegen einer bitterbösen Unterschriftenaktion der CDU gegen Ausländer und Integration. Von da an wurde es hart im Bundesrat. Die von Lafontaine betriebene gesetzliche Rückabwicklung der Rentenreform 1998 mit ihrem Demografie-Faktor wurde als Schritt in die falsche Richtung erkennbar. Die Arbeitslosigkeit war massiv, die Bundesanstalt für Arbeit nicht einmal statistisch auf der Höhe, Schwarzarbeit blühte und Überstunden gab es massenhaft. Die Leichtigkeit des Wahlabends wich bald dem blanken Grausen. Man konnte Kohl & Co. leicht die Verantwortung für die verschlampte Politik geben. Aber: Nutzt ja nichts, wer dran ist, muss liefern. Wir hatten versprochen, wir machen das.

Am 11. März 1999 legte Lafontaine nach 136 Tagen alle Mandate und Ämter nieder, das Mandat als Bundestagsabgeordneter, das Ministeramt und den Parteivorsitz. Die Koalition taumelte. Ich sah die Partei implodieren. Entsetzlich. Nach der Feier nur Geeier. Aber Gerhard Schröder übernahm den Parteivorsitz und bald danach wurde Frank-Walter Steinmeier Chef im Kanzleramt. Das brachte Linie und Verlässlichkeit in die Regierungsarbeit. Die Partei musste einbezogen werden.

Ich intervenierte im Sommer 1999 beim neuen Parteivorsitzenden Gerhard Schröder und schlug vor, einen Generalsekretär zu berufen, der in der Partei und mit ihr die durchgreifende Reformarbeit, die bevorstand, diskutieren und für sie werben sollte. Die SPD hatte die Macht, aber die Partei wusste noch nicht, wie schwierig die Entscheidungen sein würden, die zu treffen waren. Wir selbst ahnten es ja erst von Weitem. Walter Riester hatte es bald begriffen. Wir verdanken ihm einiges. Wir brauchten Debatte, Ringen um den richtigen Weg. Das war klar. Von Lafontaines Wahlkampfideen war wenig Brauchbares geblieben. Sein Abgang hatte auch diese Logik und seine Mutmaßung, dass diese Regierung bald am Ende sei. Er hat nicht gekämpft. Wir waren noch über sechs Jahre Regierungsspitze.

Gerhard Schröder schlug also vor, als ich ihm das mit dem Generalsekretär sagte, ich solle eine Satzung entwerfen. Die habe ich sehr bald vorlegt und auch vorgeschlagen, dass ich die Funktion übernehme. Dass ich doch Bau- und Verkehrsminister seiner Regierung sei, sagte der Kanzler. Dass ich das Ministeramt dann aufgeben würde. Dass das dann so seine Zustimmung habe. Das ging schnell zwischen uns. Und so stand ich ab Herbst 1999 mit an den Steuerrädern der Partei. Gerhard Schröder nahm seine Aufgabe als Parteivorsitzender ernst, hatte aber als Bundeskanzler natürlich viel anderes zu tun, innen und außen. Die Reformen am Arbeitsmarkt und im Sozial- und Rentenbereich drängten. Andererseits brauchte das Zeit, denn viel davon musste erst konzeptionell entwickelt und händelbar und zustimmungsfähig gemacht werden. Es half, dass sich ein neues Thema aufgebaut hatte und populär geworden war: die Vereinbarkeit von Familie und Beruf mit zahlreichen Ansätzen. Zum Beispiel mit dem Ausbau der Ganztagsschulen und der Vorschule. Breite Aufmerksamkeit. Freies Feld für uns, die Union war teils verschlafen, teils in der ideologischen Miesepeter-Ecke. Das galt auch für den Umgang mit Minderheiten jeder Art, für den Weg zu einer liberalen Gesellschaft. Da war die Koalition wirklich auf der Höhe der Zeit und sich völlig einig. Die Rentenreform und später die Einsetzung der Hartz-Kommission waren in der öffentlichen Debatte schwerer zu erklären. Die Kommission – unter der Leitung von Peter Hartz – legte aber noch vor der Bundestagswahl 2002 ihre Vorschläge vor und sie flossen auch in unser Wahlkampfkonzept ein.

Es gab Hochwasser, und der Bundeskanzler in Gummistiefeln wirkte sehr authentisch. Entscheidend für den Ausgang der Bundestagswahl 2002 waren aber letztlich die Familien- und Gleichstellungsfragen. Das war populärer als alles andere. Es gab viel Geld für die Städte für Ausbaumaßnahmen von Ganztagsschulen und Kitas. Das überzeugte. Die Union im Bundesrat tobte und verlangte für die Zukunft ein Kooperationsverbot von Bund und Kommunen. Die Wählerschaft blieb davon unbeeindruckt. Gerhard Schröder machte als erster Bundeskanzler eine Regierungserklärung zur Familienpolitik, während Kanzlerkandidat Stoiber diese Entwicklung lange übersah.

Und als sich mit der Wahl 2002 die Frage stellte, ob wir Episode sein würden oder Epoche werden könnten, entschied die

Wählerschaft knapp, aber klar für Rot-Grün. Gewonnen. Die Zustimmung bei den Männern sank zwar im Vergleich zu 1998. Aber die Frauen blieben stabil bei Rot-Grün. Die Mehrheit an Mandaten für die Koalition lag bei vier. Aber mit klarem Konzept und Mut geht das. Wir hatten keinen Zweifel. Die Grünen offensichtlich auch nicht.

Ich wurde Fraktionsvorsitzender der SPD, und wir hatten anstrengende, strikt zielorientierte, wirkungsmächtige Jahre vor uns, leider nur drei. Die Arbeitsmarktreformen, der Streit um die Zukunft des Föderalismus, die erodierende Mehrheit in Fraktion und Partei und letztlich das Ergebnis der Landtagswahl in Nordrhein-Westfalen führten zu unserer Regierungsunfähigkeit und zur vorgezogenen Bundestagswahl 2005.

Vorher, Ende 2003, schlug Gerhard Schröder mir vor, für den Parteivorsitz zu kandidieren. Er wollte das Amt abgeben. Die Mehrheiten auf Parteitagen zum Handeln der Bundesregierung waren – nach heftigen Diskussionen – groß, aber der Bundeskanzler konnte nicht noch mehr persönliche Zeit für diese Aufgabe bereithalten und traute mir wohl zu, loyal und bestmöglich Parteistimmung und Regierungshandeln in Übereinstimmung zu halten. Ich habe gezögert, denn es war klar, dass wir damit die Statik in der Führung Belastungen aussetzten. Einem Bundeskanzler, der auch Parteivorsitzender ist, folgt die SPD eher als einem, der das nicht ist. Und einen, der Parteivorsitzender ist, aber nicht Bundeskanzler, sieht die SPD schnell als jemanden, der den Kanzler aufhalten darf und muss, wenn es die unterstellte SPD-Programmatik erfordert. Und nicht wenige empfanden die Situation tatsächlich so. Das alles konnte man ahnen.

Aber Gerhard Schröder blieb wiederholt bei seiner Meinung und ich sagte schließlich ja, wohl weil die Eitelkeit doch zu groß war, in der Ahnenreihe von August Bebel und Willy Brandt vorzukommen. Und vielleicht würde das ja auch funktionieren. Ich war gerne Parteivorsitzender. Aber es kam letztlich wie vermutet. Die Erwartungen an mich als Fraktions- und Parteivorsitzenden wuchsen, die Regierung stärker an die Partei-Kandare zu nehmen. Das wollte ich aber nicht. Ein wenig aus grundsätzlichen Erwägungen, was die Rolle von Partei und Legislative angeht. Vor allem aber aus grundsätzlicher Übereinstimmung mit den Reformen dieser Jahre.

Ich weiß, wir sind eine Parteiendemokratie, in der Parteien Kandidatinnen und Kandidaten zur Wahl nominieren. In der die Mitglieder einer Partei im Parlament eine Fraktion bilden und in der Parteien Koalitionsverträge machen. Ich sah und sehe das alles aber auch in einem Spannungsverhältnis zum freien Mandat der Abgeordneten und zur exekutiven Verantwortung der Regierung. Rolle und Ansehen des Parlaments müssen leiden, wenn die Entscheidungen zwischen Regierungs- und Parteispitzen »ausgehandelt« werden. Das ist nicht gut für das Ansehen der Demokratie. Der Präsidiumssaal der Partei ist nicht die Regierungszentrale. Unsere Demokratie sieht keine Zentralkomitees der Parteien vor. Auch keine Bewegungen, wir sind keine Bewegungsdemokratie, sondern eine repräsentative und parlamentarische. Aber ich will die konkrete Situation 2004/05 auch nicht zu sehr aufs Grundsätzliche ziehen. Ich war als MdB und Fraktionsvorsitzender und Parteivorsitzender inhaltlich bei Bundesregierung und Parlament, ich wollte, dass die Reformen Gesetz würden.

Das galt auch und gerade für das Gesetz zur Grundsicherung der erwerbsfähigen Arbeitssuchenden, die hilfebedürftig waren. (Nebenbei: Manche, die den Begriff »Hartz IV« für dieses Gesetz erfunden haben, um das Gesetz in Kurzform personalisiert zu diskreditieren, wollen nun diese Bezeichnung abschaffen, weil sie diskriminierend sei. Und so Wahlen gewinnen. Darf man sich wundern?) Es ging um die Frage, wie erwerbsfähige Langzeitarbeitslose abgesichert werden, wie ihre Grundsicherung garantiert wird und wie hoch. Und wie sie unterstützt werden beim Bemühen, einen auskömmlichen

Arbeitsplatz zu finden. Fördern und fordern, ehrlich und konkret. Über die Jahre hatten sich Praktiken herausgebildet, die so nicht bleiben durften, denn sie führten zu einer immer weiter anwachsenden Zahl von Arbeitslosen und zu missbräuchlichem Verhalten.

Wenn bei Arbeitslosen der Anspruch auf Arbeitslosengeld (bezahlt aus der Arbeitslosenversicherung und gestaffelt nach Versicherungsdauer und damit indirekt nach dem Alter) ausläuft, erhalten sie Arbeitslosenhilfe (bezahlt aus dem Steuertopf, aber nach anderen Kriterien als Sozialhilfe) und Förderung mit dem Ziel, ihre Chancen am Arbeitsmarkt zu verbessern.

Manche suchten diese Chance aber nicht wirklich, sondern sahen ihren Status als einen Vorlauf zur bald fälligen Verrentung. Unternehmen spielten gerne mit und stellten Jüngere ein mit niedrigeren Löhnen. Hier bildete sich ein nicht vorgesehener Vorhof zur Rente.

Es gab aber auch zunehmend jüngere Menschen, die als Sozialhilfeempfänger eigentlich erwerbsfähig waren, ohne jedoch zur Arbeitsplatzsuche oder zielführenden Qualifizierung deutlich angehalten zu werden. Sie waren faktisch auf Dauer-Sozialhilfe gestellt und ihre Familien lebten dieses Leben als Normalfall. Kurz: Gerecht war das alles nicht, betroffen waren – mit ihren Familienangehörigen – Millionen. Die Melodie der Befürworter hieß: Gebt ihnen knappe Stütze, sie sollen den Mund halten und nicht stören. Sozialdemokraten konnten das so nicht akzeptieren.

Deshalb also die Neuordnung der Grundsicherung für erwerbsfähige Arbeitssuchende, faktisch oft Langzeitarbeitslose. Ab dem Jahr 2000 wurden deshalb Modellvorhaben zur Klärung und Verbesserung der Zusammenarbeit von Arbeitsämtern und Trägern der Sozialhilfe als Lösungsmöglichkeit geprüft (MoZArt hieß das Projekt). Auf dieser Grundlage und vor allem in der von Peter Hartz geleiteten Kommission wurden

Lösungsansätze erarbeitet. Diese wurden 2002, vor der Bundestagswahl, vorgestellt. 2003 gingen wir an die Umsetzung, in mehreren Etappen, den gesamten Arbeitsmarkt betreffend. Zuletzt, am 1.1.2005, trat die neue Grundsicherung für erwerbsfähige Arbeitsuchende in Kraft. In der Hektik dieser Situation gab es Startschwierigkeiten in der Zusammenarbeit von Bund und Kommunen. Und es gab dicke Schlagzeilen, besonders in Zeitungen mit sehr großen Buchstaben, die wahrheitsgemäß die bisher unsichtbaren Sozialhilfeempfänger als Arbeitslose auswiesen, aber nicht hinreichend erklärten, dass es um eine formale Änderung ging, nicht um ein plötzliches, massives Ansteigen der Arbeitslosigkeit. Die bisher »Abgehakten« tauchten nun in den Arbeitslosenstatistiken auf. Das waren nicht »unsere« Arbeitslosen, aber wir hatten den Mut gehabt, das Problem anzugehen. Und wir haben dann die Zahl der Langzeitarbeitslosen über die Jahre drastisch senken können. Sie ist mehr als halbiert. Wären nicht Zuwanderungen hinzugekommen, die nicht ohne Weiteres beruflich schnell integrierbar sind, sähen die Zahlen noch besser aus.

Natürlich kann man streiten, ob die Höhe der Grundsicherung stimmig ist, an jedem Ort, für jedes Alter, für Familien. Und natürlich müssen diese Beträge von Zeit zu Zeit angemessen fortgeschrieben werden. Sensibilität ist nötig. Aber einen Hort für Langzeitarbeitslose, die ohne wirkliche Bedürftigkeitsprüfung ihre Grundsicherung bekommen und die nicht angehalten werden, einen Arbeitsplatz zu suchen, sollten wir nicht wieder sich entwickeln lassen. Er ist nicht sozial. Im Gegenteil.

Die Frage ist aber zunehmend virulent, ob wir von einem »Recht auf Arbeit« ausgehen und jedem und jeder zur Beschäftigung zu helfen versuchen. Oder ob wir hier Formen eines Grundeinkommens legalisieren und ausbauen und die Passivität des Empfängers (grenzenlos) dulden. Seitenverkehrt begegnet uns das Thema wieder in der aktuellen Debatte zum

»bedingungslosen Grundeinkommen«. Mein fester Eindruck ist, dass manche das vielleicht gut meinen, andere aber raffiniert die Chance ergreifen wollen, so die Erwerbsschwächeren mit »noblem Titel und Sozialhilfe plus« dauerhaft aus dem Arbeitsmarkt zu verdrängen. Zynisch gefragt: Weshalb dann lange Schul- und Ausbildungs- und Integrationszeiten, die viel Geld kosten, wenn sich 16-Jährige oder ihre Eltern dauerhaft für die Lebensperspektive bedingungsloses Grundeinkommen entscheiden können?

Das Thema der Spaltung der Gesellschaft in solche, die Anspruch auf Beschäftigung haben, und solche, die sich freiwillig aussortieren, ist nicht zu Ende. Bevor immer größere Kreise der Gesellschaft sich in ein Wunschdenken verlieren, sollte besser die Diskussion um die (partielle) Kürzung der Wochenarbeitszeit – bei vollem Lohnausgleich – verstärkt werden. Denn das ist eine bessere Perspektive und keine neue, sondern eine bewährte.

Bis zur Bundestagswahl 2005 hatten wir den Grund gelegt für eine sozial und ökonomisch und ökologisch gute Entwicklung unseres Landes und hatten auch gute Ideen und die nötige Kraft für weitere Legislaturperioden. Die Union hatte sich seit 2002 in ihren Ideen zur Neuen Sozialen Marktwirtschaft verlaufen. Angela Merkel kündigte eine »grundsätzliche Neuausrichtung« der Sozialpolitik an. Es sollte so ziemlich kein Stein auf dem anderen bleiben. Roland Koch kündigte an: »Wir werden die Arbeitsmarktpolitik konzentrieren auf eine effiziente Vermittlung von Arbeitslosen.« Umschulungen und Qualifizierungen sollte es nur noch bei konkreter Aussicht auf Anstellung geben. Wir wussten aber seit spätestens 2002, dass Löcher stopfen nicht reichte und eine Gesamtantwort – ökonomisch, ökologisch, sozial – unverzichtbar war.

So war es unter Federführung des Kanzleramtes zur Agenda 2010 gekommen. Wir waren uns der Herausforderung bewusst, schlugen aber die Pflöcke in Sachen Arbeitnehmerrechte da ein, wo wir sie halten und verantworten konnten. Die SPD hielt an essenziellen Positionen fest, gegen die Konservativen und gegen den Zeitgeist. Und gegen die Mehrheit im Bundesrat. Die Union versuchte, den Vermittlungsausschuss zur Regierungsbremse zu machen. Niemals vorher oder nachher hat der Bundesrat so hartnäckig und zahlreich Beschlüssen des Bundestages widersprochen und versucht, die Politik der gewählten Bundesregierung zu blockieren. Er spielte Gegenregierung bis an den Rand des Erträglichen.

Wir lehnten die Forderungen der Union (auch der FDP) ab, von denen sie heute nur noch leise reden, die sie damals aber umsetzen wollten: betriebliche Beschäftigungsbündnisse im Sinne einer schleichenden Entmachtung der Gewerkschaften. Sie wollten das Recht, von Tarifverträgen in einzelvertragliche Vereinbarungen abzuweichen, und sie wollten eine Aufweichung der Betriebsverfassung. Sie wollten keinen Kündigungsschutz mehr in Betrieben bis zu 20 Beschäftigten und für ALG II-Empfänger bei Neueinstellung einen Lohn von bis zu 10 Prozent unter Tarif für die ersten zwei Jahre. Sie wollten Erleichterung der befristeten Beschäftigung und ein Kombi-Lohn-Modell. Das Prinzip Aufstockung sollte Normalität werden (die Planwirtschaft ließ grüßen).

Dass nach dem Willen von CDU/CSU die Kernkraft in Deutschland aktiv bleiben und »die Bankenaufsicht auf das notwendige Maß« zurückgeführt werden sollte – daran darf hier auch noch einmal erinnert werden.

Ein markantes Beispiel:
In der Gesetzgebung zu ALG II war auf Vorschlag der SPD vorgesehen, die Zumutbarkeit von Arbeit auch daran zu knüpfen, dass das maßgebliche tarifliche Arbeitsentgelt beziehungsweise das ortsübliche Arbeitsentgelt gezahlt wird. Die Mehrheit im Bundestag beschloss das auch so. Im Vermittlungsausschuss wurde die Regelung von den Unions-regierten Ländern

kassiert und beschwiegen. Wir hatten als Koalition keine Mehrheit dagegen. Populär ist die Agenda nie wirklich geworden, manchen wurde sie zum wohlfeilen Schimpfwort. Aber die Debatten dazu während der Gesetzgebung und in der SPD führten bei allem Streiten und Kämpfen um Details zu klaren Voten: Zustimmung. So manches wird verschwiegen: Wir förderten mit der Agenda Ganztagsschulen weiter. Wir unterstützten mit Investitionen und wir stärkten so die Handlungskraft der Kommunen mit 15 Milliarden Euro für Gebäudesanierung, insbesondere energetische Sanierung war ein Schwerpunkt. Die erneuerbaren Energien wurden ein Treibsatz für Konjunktur und Arbeitsmarkt. Und wir setzten auf Beschäftigung, auf Arbeit für alle. Fordern und Fördern hieß die Formel. Sie bleibt richtig: Menschen Brücken zu bauen in Arbeit, sie nicht in Passivität zu lassen. Die Forcierung der Selbstständigkeit, die Erwerbsquote für Frauen, das Programm »Kapital für Arbeit«, der Ausbildungspakt und die gezielte Förderung der Chancen von Über-50-Jährigen am Arbeitsmarkt waren wirksame Maßnahmen. Aus der Stütze für Arbeitslose haben wir im möglichen Umfang Aktivierung gemacht. Schwarzarbeit wurde massiv bekämpft. Das alles war richtig. Es hatte positive Wirkung. So löst man nicht alle Probleme, aber doch einige und dabei schwerwiegende. Bei all dem sicherten wir die zentralen Arbeitnehmerrechte gegen marktradikale Angriffe.

So näherten wir uns der vorgezogenen Bundestagswahl 2005. Die PDS war 2002 bei 4 Prozent hängengeblieben und nur mit zwei direkt gewählten Abgeordneten noch so gerade im Bundestag. In dieser Stunde kam es zum Bruderkuss von Lafontaine und Gysi, aus PDS und WASG wurde gerade rechtzeitig für die Wahl »Die Linke« kampagnefähiger Teil des Wahlkampfes. Dass die beiden Genies keine Dummen sind, kann man leicht zugeben. Dass sie mit ihrer Rochade ein Fiasko auslösen könnten, konnte man ahnen. Sie sind schlau genug, es gewollt zu haben. Und sie schafften es: Die Politik links der

Mitte blockierte sich selbst bis heute, und ein Ende ist nicht abzusehen.

Bei der Wahl 2005 verloren wir Sozialdemokraten 4,3 Prozent, die Union verlor 3,3 Prozent, die Grünen 0,5 Prozent. Die Linke machte aus den 4 Prozent der PDS von 2002 nun 8,7 Prozent, also 4,7 plus. Sie gewann so viel, wie SPD und Grüne zusammen verloren. Die Blockaderechnung war aufgegangen. Eine bittere Bilanz für Sozialdemokraten, zumal wenn hauptverantwortlich für diesen strategischen Unsinn der ehemalige Vorsitzende der eigenen Partei ist. Es fällt einem Brecht ein mit seinen Fragen eines lesenden Arbeiters und dem Resümee: »Alle zehn Jahre ein großer Mann, wer zahlte die Spesen?« Rot-Grün hatte also keine Mehrheit mehr. Eine Ampel war aber möglich. Gerhard Schröder sagte voraus, dass das nicht zustande kommen werde angesichts des FDP-Wahlkampfes. Ich habe trotzdem als Parteivorsitzender die Spitzen der Grünen und der FDP offiziell gefragt, ob eine Sondierung in Richtung Ampel möglich sei. In dem Treffen mit der Grünen-Delegation gab es keine Sympathie für die FDP und wenig für ein solches Bündnis, aber doch Bereitschaft zur Klärung der Frage. Also prüfen, ob es vielleicht doch geht. Diese Klärung ergab sich ganz einfach. Aus dem Büro des FDP-Vorsitzenden teilte das Sekretariat telefonisch lapidar mit, dass man nicht mit der SPD sprechen werde. Idee zu Ende.

Erst danach stellte sich die Frage nach einer Koalition zwischen SPD und Union. Zu einem ersten offiziellen Gespräch kam es zwischen Frau Merkel und mir im Trakt der Fraktionsvorsitzenden. Nach meiner Erinnerung fragte sie, ob eine Erörterung zum Thema Koalition grundsätzlich möglich sei. Ich habe geantwortet, wenn die Idee der »Neuen Sozialen Marktwirtschaft« – siehe oben – von der Union ohne Gegenleistung aufgegeben würde, ja. Und sie tauchte dann auch nicht mehr auf – eine 180°-Wende! Ich habe Gerhard Schröder informiert und um Unterstützung gebeten für ein weiterführendes Vierer-

Gespräch, an dem Frau Merkel und Herr Stoiber und für uns Gerhard Schröder und ich teilnahmen. Es dauerte etwas länger als das erste, aber nicht lange. Wir vereinbarten, unseren jeweiligen Gliederungen die Aufnahme solcher Koalitionsverhandlungen vorzuschlagen. Auch hier tauchte die »Neue Soziale Marktwirtschaft« nicht wieder auf. Aber das Vierer-Gespräch nahm einen interessanten Verlauf, denn es führte zügig zu wichtigen Vorabsprachen, die natürlich abhängig blieben von der Gesamtverhandlung, sich aber als definitiv erwiesen. Bei einer Kanzlerschaft von Frau Merkel sollte die SPD Außen-, Finanz-, Arbeit/Soziales, Gesundheits-, Wirtschaftliche Zusammenarbeit, Verkehrs-, Umwelt- und Justizministerium übernehmen. Ich habe sehr bedauert, dass ich hier das Familienministerium nicht für die SPD sichern konnte, denn gerade auf diesem Feld hatten Christine Bergmann und Renate Schmidt sehr erfolgreich gearbeitet. Frau von der Leyen hat dann diese vorgegebene Linie im Wesentlichen fortgesetzt und das Verhältnis der Union zu diesen wichtigen gesellschaftspolitischen Themen kräftig modernisiert. Unvergessen im konservativen Lager sind ja noch die kernigen Worte des Bundesfamilienministers Wuermeling von der »gemeinschaftszersetzenden Berufstätigkeit der Frauen« Mitte der 6oer-Jahre. Edmund Stoiber war in diesem Vierer-Gespräch quicklebendig noch auf dem Weg zum Bundeswirtschaftsminister, der auch für Technologie zuständig sein sollte. Er schien tatendurstig, verzichtete aber wenige Tage später, und Michael Glos übernahm diese Aufgabe.

Bevor die Koalitionsverhandlungen wirklich begannen, kündigte ich meinen Rücktritt als Parteivorsitzender an, weil ich in einer für mich persönlich wichtigen Personalentscheidung im Parteivorstand eine klare Niederlage erlitt. Es bewahrheitete sich, dass ich nach der Übernahme des Parteivorsitzes 1½ Jahre zuvor mit dem Festhalten am Regierungskurs Zustimmung in der Partei verloren hatte. Aber ich wollte kein fremdgesteuerter Parteivorsitzender werden.

Die Koalitionsverhandlungen, die wenige Stunden nach meiner Rücktrittsankündigung im Adenauerhaus begannen, sahen eine gedämpfte SPD und eine nicht minder gedämpfte Union, wohl aus unterschiedlichen Gründen. Niemand trieb es in den Gesprächen auf die Spitze und niemand versuchte, die Generallinie aus rot-grüner Zeit deutlich zu korrigieren. Wir konnten zufrieden sein. Die stillgelegte Föderalismusreform wurde auch wiederbelebt und der Koalitionsvertrag verdickte sich zu 190 Seiten. »Gemeinsam für Deutschland. Mit Mut und Menschlichkeit« lautete der Titel.

Die Tendenz, »Koalitions-Verhandlungen« aufzublasen, setzte sich fort. Aber natürlich war die wohl größte Herausforderung dieser Legislatur, die internationale Finanzkrise, im Koa-Vertrag nicht enthalten. Koalitionsverträge können eben keine abschließenden Arbeitshandbücher sein, sondern im Wesentlichen nur Richtung geben und Linien zeigen. Sie können kein Grund sein, aufkommende und im Vertrag nicht behandelte Themen als nachrangig anzusehen oder gar nicht zu behandeln.

Ich war zwei Jahre lang als Arbeits- und Sozialminister in dieser Regierung und habe in dieser Zeit auch eine Rentenreform eingebracht, die heute noch in der Umsetzung ist. Die Rente mit 67. Nicht geliebt, aber gerecht und hilfreich.

Denn der Wandel der Arbeitswelt bezieht sich auch auf die Arbeitsdauer und die Lebenszeit. Bezogen auf Deutschland bedeutete das: Die jungen Menschen kommen mit durchschnittlich 20 oder 21 Jahren ins Berufsleben, nicht mehr mit 17/18. Aber wie das mit dem Durchschnitt so ist: Nicht wenige beenden mit 16 ihre Schulzeit, und nicht wenige kommen erst mit 25 und älter in den Beruf. Die Wochenarbeitszeit liegt in der Norm bei Vollzeitarbeit unter 38 Stunden, nicht mehr bei 48 wie noch 1955. Die Zahl der physisch hoch anstrengenden Arbeitsplätze wurde durch die Automatisierung deutlich reduziert. Und die Lebenserwartung ist auf gut 80 Jahre gestiegen, bei Männern etwas weniger als bei Frauen. Regelurlaubszeiten steigen. Durch Produktivitätssteigerungen wurde es trotzdem möglich, einen vollen Lohnausgleich bei weniger Arbeitszeit zu sichern.

Wahr ist aber auch, dass generell Tempo, Komplexität und Intensität vieler Arbeiten die Belastung für die Betroffenen verändert und insgesamt erhöht. Neue, andere Krankheitsbilder treten vermehrt auf. Die Messlatte Industriearbeitsplatz – von 7:00 bis 16:00 Uhr und/oder Schichtregelung – dominiert die Arbeitswelt inzwischen nicht mehr. Es hat sich eine große Vielfalt von Arbeit und Arbeitsplatzformen herausgebildet, angefangen bei Landwirtschaft und Natur bis hin zur Ungebundenheit bestimmter Arbeit vom Ort und hin zur Ich-AG.

Es ist nicht einfach, daraus plausible und gerechte Regeln abzuleiten, die zukunftstauglich sind. Hinzu kommen die demografischen Verwerfungen. Die Zahl der Rentenempfänger steigt in den kommenden rund 30 Jahren noch kräftig, die Zahl der Menschen im Erwerbsalter – und damit die Zahl möglicher Beitragzahler – sinkt aber deutlich. 1964 lag die Geburtenzahl in Deutschland (Ost und West zusammen) bei 1,4 Millionen und sank danach schnell auf 800.000, inzwischen noch weniger, mit sinkender Tendenz. Das verändert die Relation Rentner zu Beitragszahler stark, und Angebot und Nachfrage am Arbeitsmarkt auch.

Das alles vor Augen, haben wir in der Regierungszeit Schröder und dann ab 2005 in der Regierungszeit Merkel zielführende Rentenreformen beschlossen. 1998 waren von den über 55-jährigen nur noch weniger als 40 Prozent in Beschäftigung. Das gültige Renteneintrittsalter von 65 Jahren, bei Frauen darunter, wurde bei Weitem nicht erreicht. Das hatte teils berechtigte Gründe, war aber überwiegend eine willkommene Methode für Unternehmen, sich von den im Lohn teureren älteren Arbeitnehmern zu verabschieden und sie durch tatkräftige und preiswertere jüngere zu ersetzen oder die Arbeitsplätze ganz wegzurationalisieren. Die Rentenversicherung wurde angezapft für andere Zwecke. Das faktische Renteneintrittsalter ist seitdem auf heute 62 bis 63 Jahre gestiegen. Das ist für die Stabilisierung des Rentensystems ein großer Erfolg. Inzwischen sind wir im Anstieg von 65 auf 67 Jahre beim Regelrenteneintrittsalter. Da soll 2029 die letzte Stufe in Kraft treten. Wer 45 Versicherungsjahre hat, wird aber auch weiterhin mit 65 Lebensjahren Rentenanspruch haben ohne Abschlag. Das gilt also für die, die mit spätestens 20 Jahren dauerhaft in Beschäftigung sind und damit für viele physisch anstrengende Arbeitsplätze. Dass dieser Teil der Regelung in fast allen Debatten zum Thema verschwiegen oder bagatellisiert wird, ist in hohem Maße unehrlich. Wie so manches an den Attacken gegen die Realitäten der Rentenproblematik.

Außerdem wird es und muss es weiterhin bei Bedarf hinreichend abgesicherte Frühverrentung geben, denn Arbeitsplätze sind unterschiedlich belastend und Menschen sind und bleiben unterschiedlich belastbar. Je differenzierter die Arbeitswelt wird, umso mehr zeigt sich, dass das tagesgenau fixierte Renteneintrittsalter ein kultureller Irrtum ist und eine Renteneintrittsphase (!) sehr viel realistischer wäre. Die Rente mit 67 ist ein Schritt dorthin. Und mit 67 wird der Rentenanspruch natürlich höher sein als mit 65.

Die Zukunftsfähigkeit der gesetzlichen Rentenversicherung braucht aber auch aus einem anderen Grund volle Aufmerksamkeit und zielgerichtetes Handeln. Die Lohn- und Beitragsbezogenheit allein bildet das System unserer Rentenversicherung nicht mehr gerecht ab. Unternehmen, die bei hohen Umsätzen und Erträgen minimale Lohnkosten und damit geringste Arbeitgeberbeiträge zahlen oder als Dienstleister im Ausland erstellte arbeitsintensive Produkte verkaufen, leisten keinen gerechten Rentenversicherungsbeitrag mehr (das gilt auch für andere Sozialversicherungen) und erhöhen so die Kosten für lohnkostenintensive Unternehmen in unserem

Land. Das große Geschäft unserer Zeit, die Spekulation mit Geld auf Geld, die international agiert, ist auch für nationale sozialstaatliche Systeme ein Verhängnis. Die Finanztransaktionssteuer kann und muss (!) ein Ansatz werden, diese Spekulanten in die Mitverantwortung zu zwingen und so soziale Gerechtigkeit mitzufinanzieren. Das funktioniert nur bei internationalen Lösungen. Die Länder Europas könnten einen mutigen Schritt in die richtige Richtung gehen, gemeinsam. Nur (!) gemeinsam.

Ein anderer Aspekt dieses Themas muss aber und kann auch hier im Lande geklärt werden. Im Bereich der Solo-Selbstständigen und vergleichbarer Arbeitsformen muss eine Anbindung an das Alterssicherungssystem verbindlich sein. Menschen, die alt genug sind, werden sich an Zeiten erinnern, in denen Schuster, Schneider und Landwirte und manche andere Berufe »nicht genug geklebt« hatten und auf staatliche Alterssicherung angewiesen waren. Das soll sich nicht wiederholen.

In der allgemeinen gesetzlichen Rentenversicherung waren in den letzten Jahren wohl rund 75 Prozent der Arbeitnehmer versichert. Wenn nicht alles trügt, sinkt diese Zahl, und auch das kann individuell für viele, aber letztlich auch für die Solidargemeinschaft eine Herausforderung werden, wenn sie nicht von anderswo eine Sicherheit im Alter erwarten können. Aber wo?

Ich habe zu diesem Thema einige Zeilen mehr geschrieben, um deutlich zu machen, dass wir uns in der Politik auch um mittelfristige Herausforderungen Gedanken machen und machen müssen, vor allem im Interesse der Nachkommenden. Nicht diejenigen sind das Problem, die die aufkommenden Fragen stellen und verantwortlich Antworten suchen, sondern die, die mutlos und ideenlos auf Wunder warten oder gar hoffen, dass die Sintflut erst nach uns kommt.

Dass es immer wieder Präzisierungen und damit Gesetzesnovellen zu einem so komplexen Thema wie der Alterssicherung geben muss, ist klar. Der Unwille, sich mit solchen gesellschaftspolitischen Aufgaben rechtzeitig intensiv zu befassen, ist gefährlich und verantwortungslos. Der Wandel ist vielfältig und nur bedingt voraussehbar. Neue Justierungen sind immer wieder nötig. Bis jetzt sind wir auf einem guten Weg. Aber die nächsten Kurven und Schlaglöcher deuten sich an.

Ich bin nicht der Erfinder der Rente mit 67, aber ich war der zuständige Minister. Seitdem gelte ich als Vater der Rente mit 67. Die Mitväter und Mitmütter haben sich oftmals verdrückt und mich die Alimente zahlen lassen. Sei's drum.

2007 schied ich aus privaten Gründen aus dem Ministeramt aus, blieb aber Bundestagsabgeordneter.

Im Herbst 2008 wurde Frank-Walter Steinmeier Kanzlerkandidat für die Bundestagswahl 2009, und er bat mich, noch einmal als Parteivorsitzender anzutreten und im anstehenden Wahlkampf mitzuhelfen, nachdem Kurt Beck seinen Rückzug vom Parteivorsitz angekündigt hatte. Die Wahlkampfvorbereitungen mussten beginnen.

Es war klar, dass das eine ziemliche Herausforderung werden würde. Die SPD hatte zusammen mit den Grünen das gesellschaftspolitische Feld für die Gleichstellung von Frauen und Männern beackert und entwickelt, aber 2005 war dann eine Christdemokratin Bundeskanzlerin geworden. Das darf man Ironie der Geschichte nennen. Dass es eine Frau war, die in der DDR gelebt hatte, war gleichwohl konsequent. Und sie zeigte – entgegen auch meiner Prognose –, dass sie den Job konnte. Sie bespielte politische Felder, auf denen auch wir zuhause waren. Und die sozialdemokratische Welt haderte mit der Agenda 2010 und überhaupt. Wie sollte das gelingen? Es gelang auch nicht. Ich war erschöpft, auch gesundheitlich nicht auf der Höhe. Am Wahlabend 2009 war ich froh, dass immerhin Frank-Walter Steinmeier nicht ausstieg, sondern seinen Anspruch auf den Vorsitz der SPD-Bundestagsfraktion und damit als Oppositionsführer anmeldete. Mir war klar, dass meine Zeit an der Spitze der SPD zu Ende war und ich für die Niederlage eine Mitverantwortung trug. Trotzdem wunderte ich mich, wie leichtfertig das SPD-Ergebnis personalisiert wurde. Denn mir war klar und ich sagte es auch: 23 Prozent mussten nicht als das schlechteste aller möglichen SPD-Ergebnisse angesehen werden. Die Politik steckte und steckt in strukturellen Veränderungsprozessen, die sich zuerst bei den Industrie-Arbeiterparteien entladen. Man muss sich nur die vergleichbaren europäischen Länder ansehen. Wir hatten eine Haltelinie behauptet, nicht mehr, aber auch nicht weniger. Zerknirscht war ich nicht am Wahlabend und hatte eine erholsame Nacht. Am Morgen danach wurde mir telefonisch mitgeteilt, einige hätten in der Nacht vereinbart, dass ich nicht länger Parteivorsitzender sein könne. Mit dieser Feststellung war ich ja sachlich einverstanden und half, den Übergang geordnet zu organisieren.

Ich blieb dann MdB und versuchte, der Diskussion um nachhaltige Entwicklung auch im Bundestag mehr Schwung zu geben. 2004 hatte ich als Fraktionsvorsitzender mitgeholfen, dazu einen Unterausschuss einzurichten. Gerhard Schröder hatte übrigens als Bundeskanzler am Beginn seiner Amtszeit den »Rat für Nachhaltige Entwicklung« berufen. In der Ära Merkel ist dieser Rat immer weniger öffentlichkeitswirksam geworden. Er hat keine wirkliche Rolle spielen dürfen.

2013 bin ich, der Kurve des Lebens folgend, aus dem Bundestag ausgeschieden. Kein Grund, im Schaukelstuhl zu versinken. Zu tun gibt es ja genug.

Sozialdemokrat wurde ich offiziell mit 26 Jahren und bleibe es ganz sicher, so lange es mich gibt. Es gibt wahrscheinlich so viele Gründe und Motive, Sozialdemokrat zu sein, wie es Mitglieder in der Partei gibt. Trotzdem wage ich hier eine Differenzierung, die auf zwei Hauptlinien unserer Überzeugungen verweist und deren Verknüpfung existenziell werden kann für die Sozialdemokratie.

Die Freiheit steht für die Sozialdemokratie als Wert ganz vorne, die Freiheit von und die Freiheit zu. Die Freiheit von materieller und von sozialer Not. Und die Freiheit, nicht Herr und nicht Knecht zu sein. Diese Freiheit, die von der Gleichwertigkeit aller Menschen ausgeht, ist als grundlegender Wert der sozialdemokratischen Idee und Praxis unentbehrlich.

Wenn statt dieser Freiheit, die sich auch aus den allgemeinen Menschenrechten erklärt, die Sicherheit zum absoluten Wert würde, wäre das ein Weg in eine Sackgasse von historischer Dimension. Das zu erkennen ist wichtig, denn hier verläuft ein wichtiger Konflikt dieser und der kommenden Zeit. Autoritäre »Demokraten« werden der Welt und uns erklären, dass soziale Gerechtigkeit auf gutem Niveau wichtig und möglich ist, aber die Freiheit im Sinne der Menschenrechte dafür aus Sicherheitsgründen doch ein Stück weit beschnitten werden muss. Schon im Wahlkampf 2017 hat die Sicherheit die Gerechtigkeit verdeckt. Sie wurde zu deren Voraussetzung stilisiert. Von der Freiheit war kaum die Rede. Wird das die weltweit dominante Melodie? Ist sie es schon? Das wäre ein neuer Abschnitt in der Geschichte der Menschheit und die Entkernung der Demokratie. Ich bin sicher, die Sozialdemokratie ist nicht die einzige, die die Gefahr sieht, und ich bin sicher, die Sozialdemokratie wird gebraucht. Gerade an diesem Punkt.

Erneuerung ist nun die Losung. Aber was heißt bei einer Partei Erneuerung? Was heißt das bei der Sozialdemokratie?

Ich höre: Willy Brandt hatte nicht immer recht. Er selbst hätte diese Feststellung wohl milde lächelnd abgehakt. Aber die folgenden Zeilen aus seiner Abschiedsrede als Parteivorsitzender am 14. Juni 1987 in Bonn will ich doch nicht entbehren und zitiere sie hier ausdrücklich:

»Wenn ich sagen soll, was mir neben dem Frieden wichtiger sei als alles andere, dann lautet meine Antwort ohne Wenn und Aber: Freiheit. Die Freiheit für viele, nicht nur für die wenigen. Freiheit des Gewissens und der Meinung. Auch Freiheit von Not und von Furcht. (...) Wir sind nicht auf reglementiertes ›Glück‹ aus, sondern wir wollen die Freisetzung der schöpferischen Fähigkeiten, die im Menschen angelegt sind. Die Bewegungsfreiheit des Einzelnen – in sozialer Verantwortung. (...)

Für Freiheit und gegen den Obrigkeitsstaat haben unsere Altvorderen gekämpft. Sie, wir haben vor den Nazis und ihren mächtigen Helfern nicht kapituliert. Sie, wir haben uns durch die brutale Herausforderung aus dem Osten nicht unterkriegen lassen. So soll es bleiben: Deutsche Sozialdemokraten dürfen Kränkungen der Freiheit nie und nimmer hinnehmen. Im Zweifel für die Freiheit!

Auf Freiheit zu pochen – zuerst und zuletzt – für uns Europäer und für das eigene Volk, Freiheit einzuklagen für die Verfolgten und Ohnmächtigen – dies sei meine letzte ›Amtshandlung‹ als Vorsitzender der Sozialdemokratischen Partei Deutschlands. (...)

Ich weiß: In der Politik ist es wichtiger, recht zu bekommen, als recht behalten zu haben. Aber demokratisches Verantwortungsbewusstsein gebietet auch den Mut zum Unbequemen und gelegentlich Unpopulären, zum berühmten, nicht selten berüchtigten Aussprechen, was ist. Dies gehört zum Kampf um Führung und neue Mehrheiten. Dies gehört zur Verantwortung für die Partei der Freiheit.

Sie hat viel hinter sich, unsere Partei. Wenn sie die Energie der Geschichte recht zu nutzen weiß, heißt das: Sie hat auch viel vor sich. Die deutsche Sozialdemokratie ist dazu da, unser Land in Europa zu Besserem zu prägen.«

Thema von gestern? Sonntagsreden? Nicht auf der Höhe der Zeit erwischt?

Von wegen. Was »auf der Höhe der Zeit« ist, das entscheidet sich nicht am Kalenderblatt und nicht an der Mode.

Und deshalb soll dies hier auch die Stelle sein, wo ich in diesem Buch übers Älterwerden in dieser Zeit etwas deutlich sagen will – jedenfalls für mich, und ich nehme niemand sonst dafür in Anspruch:

Die Geschichte, auch die eigene, ist keine Kleinigkeit. Sie ist ein Stück man selbst. Bei mir kamen da bisher 79 Jahre Leben zusammen. Aber auch davor gab es ja schon was. Auf dieses Davor blicke ich zurück in dem Gefühl, es ist gut, dass ich mit diesen Menschen in einem Boot sitze und mich in eine bestimmte politische Richtung bewege und in Übereinstimmung mit wichtigen Dingen in diesem Land lebe, in Europa.

Als ich alt genug war zu verstehen, was passiert war in Deutschland und der Welt, mit der Industriegesellschaft, mit der Parlamentarisierung der Demokratie, beim Wahlrecht, bei der Gleichberechtigung von Frau und Mann, 1914 und 1918 und 1930 und in den 15 Jahren danach und nach 1945, da versuchte ich auch zu verstehen, was die Ursachen und was die Lehren daraus waren. Da gab es zahlreiche Spuren in diesen rund 100 Jahren, und ich stieß auf viele Frauen und Männer unterschiedlicher Herkunft und Überzeugung. Dabei waren auch auffallend viele, die sich demokratische Sozialisten, dann Sozialdemokraten nannten. Perfekt waren die auch nicht, Fehler haben sie gemacht, mindestens im Nachhinein durfte man das so sehen. Aber sie waren der Teil dieses Landes, auf den ich in meiner Jugend und danach stolz war und zu dem ich gehören wollte.

Ob ich mit 18 oder 25 nicht vor allem Deutscher sein wollte? Aufgeschrieben habe ich nichts dazu. Aber wenn ich an Deutschland denke, an dasjenige, zu dem ich gehören wollte, dann waren da ganz viele dieser sozialen, freiheitlich und demokratisch Engagierten. Nicht nur Vorsitzende oder Kanzler, sondern »einfache Menschen«, wie man so sagt. Die wussten, worauf es ankommt, und handelten danach. Alte Genossinnen und Genossen, wie wir sagen, die die schlimmen Zeiten des Nationalsozialismus erlebt und teils erlitten hatten, aber die Idee der sozialen Demokratie nie aus dem Blick verloren. Ohne die Bebels hätte Deutschland die Bismarck'schen Sozialistengesetze nicht überstanden. Ohne Friedrich Ebert und seinesgleichen wäre das Desaster 1918 in der Diktatur oder in der Anarchie geendet, nicht in der parlamentarischen Demokratie. Es hätte kein gleiches, freies, geheimes Wahlrecht für Frauen und Männer gegeben ohne Marie Juchacz und ihresgleichen, die als erste Frau überhaupt am 19. Februar 1919 im Deutschen Reichstag sprach und die im selben Jahr die AWO – Arbeiterwohlfahrt – aus der Taufe hob. Was wäre Deutschland ohne Otto Wels, der in der Debatte zum Ermächtigungsgesetz Hitler und seiner Truppe öffentlich und klar widersprach und die SPD-Fraktion zum Nein führte. Ohne die Ortsvereinsvorsitzenden und Aktiven vor Ort, die den Vorwärts durch die Nazi-Kontrollen schmuggelten. Ohne Kurt Schumacher, der den Zusammenschluss und die Zusammenarbeit mit den »rotlackierten Faschisten« ablehnte. Ohne Elisabeth Selbert und Frieda Nadig, die als zwei von 65 Mitgliedern des Parlamentarischen Rates 1948/49 den Artikel 3.2 des GG erstritten: Männer und Frauen sind gleichberechtigt. Ohne dies und ohne Herbert Wehner, der vom Kommunisten zum Sozialdemokraten wurde und diese Sozialdemokratie verteidigte. Ohne Johannes Rau, Hans-Jochen Vogel und Helmut Schmidt und Willy Brandt, mit deren Namen ich diese Aufzählung beenden will, wäre mir in jungen Jahren nicht klar gewesen, wieso ich auf Deutschland hätte stolz sein sollen. Ein schwieriger Satz, aber so war es. Die vielen Genossinnen und Genossen in den Ortsvereinen und in den Regionen sind damit nicht genannt, aber auch gemeint. Sehr sogar. Und dass es in der Geschichte und bis jetzt im Lande auch Menschen aus anderen Parteien oder ohne Parteizugehörigkeit gibt, die mich überzeugen – ist auch wahr. Aber für mich selbst bleibe ich dabei: Es war eine große Chance meiner Generation, an diese sozialdemokratische Tradition anzuknüpfen und so an die Demokratie in diesem Land. Und Demokratie leben und entwickeln helfen zu können.

Auch weil alle die hier Genannten und Erwähnten, die ich las oder traf oder sprach oder persönlich kennenlernte, nie eine Alleinherrschaft oder Diktatur im Kopf hatten, sondern immer die Verantwortung fürs Ganze zur Messlatte ihres Handelns machten und sich glaubhaft den Regeln einer freiheitlichen Demokratie stellten, habe ich Hochachtung vor ihnen und kann sagen: Mit Stolz gehe ich ansonsten vorsichtig um, aber doch, es trifft's: Ich war und bin stolz, Sozialdemokrat zu sein und als solcher leben und wirken zu können. Und von mir aus kann das noch lange so bleiben. Nicht mehr in Parteifunktionen, aber doch in der Sache.

Irgendwann in der Jugend und immer mehr im Älterwerden wurde mir klar und bewusst, dass es vor den Weltkriegen, vor dem Holocaust, vor dem Nationalsozialismus schon etwas gegeben hat, an das wir 1945/46 anknüpfen konnten. Es musste nicht alles in den politischen Mülleimer der Geschichte. Es gab neben großen deutschen Ärzten, Erfindern, Künstlern, Literaten, Sportlern, Schauspielern, Wissenschaftlern, Philosophen, Frauen und Männern, denen man sich in Respekt verbunden fühlt, auch ein politisches Deutschland, das man von Herzen mögen darf.

Erneuern? So manches ist vergänglich. Das war so, das bleibt so. Aber der Kern der Sozialdemokratie, der vom Menschen handelt, vom freien und solidarischen, der muss nicht erneuert werden, sondern bekannt gemacht und erfahrbar und gelebt. Der ist auch in der Welt von heute und von morgen unentbehrlich und wird präsent bleiben in den kommenden anspruchsvollen Zeiten.

So gut ich kann, bin ich dabei.

V. BÜCHERFREUND AB 16

Wir hatten zuhause keine Bücher, außer Gesangbücher für den Kirchgang. Meine Eltern lasen täglich die regionale Zeitung, die konservative Variante. Bücher lasen sie nicht. Sie waren wach, interessiert, informiert, so schien es mir immer. Meine Mutter ging ab und zu in die Leihbücherei oder kaufte Lore-Romane, Liebesromane in Heftform, die sie vor mir zu verstecken versuchte. Als ich im Verwandtenkreis vorlaut erzählte, ihr letztgelesener Roman dieser Art habe angefangen mit dem Satz: »Sich in heißen Küssen immer wieder findend sanken sie nieder ins Moos«, war sie total sauer auf mich. Es war auch eine Frechheit von mir, aber der Satz war korrekt zitiert.

Also blieben mir die Lesebücher der Schulzeit, Pflichtlektüre. »Der helle Ruf« hieß eines für die Klassen 5 bis 8. Das »Lied von der Glocke« hat uns lange beschäftigt, festgemauert im Stundenplan. Faust hätten wir wohl gründlicher behandeln sollen laut Curriculum, die Sache zwischen Klärchen und Faust und Mephisto blieb recht undeutlich. Obwohl Deutsch eigentlich Lieblingsfach war, verstand ich das alles nicht.

Nils Randers konnte man laut schreiend (am Ende, klar!) rezitieren, das machte Spaß. Und der dicke Sack, den Bauer Bolte, der ihn zur Mühle tragen wollte, kam mir lebenslang immer mal wieder in den Sinn und die sanft rauschenden Ähren: Was wärest du, wenn wir nicht wären.

In Klasse 8 waren auf dem Schulhof Cowboy-Romane in Heftform der Renner, einer von uns wollte wie Errol Flynn aussehen. Aber das interessierte mich nicht. Ich war doch lieber mit dem Ball auf dem Sportplatz und mimte Jupp Posipal, Hamburg, und Tollen Hennes, Sundern, und in seltenen Zuständen der Großmannssucht Cisco la Jana, Brasilien.

Gut, ein paar Karl-May-Bücher habe ich gelesen, die Hälfte wusste ich schon aus den Erzählungen meiner Kumpel auf dem Schulweg.

Ich erzähle dies hier alles, weil mir immer noch unbegreiflich ist, was eigentlich mit mir passierte, als ich ziemlich plötzlich Bücherfan wurde. Wobei es genauer heißen muss: Bücher-, Zeitschriften-, Zeitungen-, Radio-Fan.

Ich war um die sechzehn, als das begann. Meine Mutter bemerkte das und fand wohl, es gehe um Früchte vom verbotenen paradiesischen Baum der Erkenntnis. Sie hielt meinen Lese- und Höreifer für gefährlich für mein Seelenheil. Als ich im WDR-Nachtprogramm einen ausführlichen Essay zu Dostojewskis »Schuld und Sühne« hörte, war sie besorgt und warnte mich vor solchen Themen, geschrieben oder gesendet, die Menschen verstören könnten, besonders junge, wenn sie damit alleine blieben. Und sie fühle sich persönlich nicht in der Lage, mir in solchen Dingen inhaltliche Orientierungshilfe zu geben. Ich verstand nur zu gut, was sie bewegte, und nahm ihr das nicht übel, aber der Zug war abgefahren. Ich wusste nicht, wohin. Aber da musste ich nun durch. Ich wollte mehr und möglichst alles wissen über das, was das Eigentliche ist mit dem Mensch und den Menschen und dem Leben und der Erde, mit Gut und Böse und Anfang und Ende.

Dazu gehörten auch Familie, Liebe, Sexualität, Religion – dieser Teil des Interesses kommt aber auch hier nicht vor, weil ich ja bekanntlich etwas scheu bin – wie man mir nachsagt – oder introvertiert oder verschwiegen. Seitdem haben mich Bücher, Autoren und Themen begleitet, und immer wieder kamen und kommen neue hinzu. Neugier ist eine der besten Eigenschaften. Nach den Menschen sind die Bücher das interessanteste

Objekt für sie. Ich blieb Autodidakt, ein Literaturkurs bei der Volkshochschule half nicht viel weiter, aber das lag an mir.

Die Gedanken sind frei, das war mir schnell klar. Und das war sehr gut so. Aber so nach zehn Jahren wusste ich endgültig, dass das mit den freien Gedanken nicht reicht und dass ich was machen musste mit dem, was mir durch den Kopf ging. Ich wechselte von der Zuschauertribüne auf den Platz, der Politik heißt. Und das hat was mit dem zu tun, was ich jetzt erzählen möchte.

Einige Bücher will ich hier ansprechen und bedanke mich im Voraus beim WDR 3, der meine Heim-VHS wurde und der mir über Jahre Manuskripte von Sendungen, die mich interessierten, zugeschickt hat. Schade, dass ich dazu keine Unterlagen mehr habe.

ALBERT CAMUS, 1913–1960

Mit Albert Camus habe ich es gehalten wie mit allen Autoren – das gilt auch für Rednerinnen/Redner, auch in der Politik –, die ich interessant fand und verständlich. Für mich verständlich! Ich weiß: Wenn mein Kopf und ein Buch aufeinanderstoßen und es klingt hohl, dann muss das nicht an dem Buch liegen. Umgekehrt gilt aber auch, kleinmütig bin ich da nicht. Wenn ich was lesen soll, das mich beschämen will ob meiner Ahnungslosigkeit, dann will ich wenigstens die Chance haben, es höflich beiseitezulegen oder das Hörgerät auszuschalten. Ich werde die Ahnung nicht los, dass so manches Exaltierte und Raffinierte, was gespreizt und länglich daherkommt, vor allem aus viel Quark besteht, der bekanntlich beim Treten nicht fester, sondern breiter wird. Ich will was übers Leben und fürs Leben wissen, auch lernen. Mir fehlt manchmal Grundwissen und Talent, alles von dem zu verstehen, was Kafka und Dostojewski, Hannah Arendt, Ulrich Beck schrieben. Aber diese und viele andere (es gibt so viele tolle Bücher, Texte, Rednerinnen) wussten etwas vom Leben und brachten und bringen meinen Kopf in Bewegung. Sage mir, wer für dich verständlich ist, und ich sage dir, wer du bist. Sage mir, wen du liest, und ich verstehe dich besser.

Meine wichtigsten Bücher? Die Frage lohnt sich und ist gar nicht so leicht zu beantworten. Der Umfang der Texte ist nicht entscheidend. Die Gedichte von Robert Gernhardt und Peter Rühmkorf und die Aphorismen von Jerzy Lec kannten die prägnante Kurzform, lange bevor neuzeitliche Künstler auf die 280 Zeichen verfielen. Kurt Tucholsky. Wort- und Orthografiegenies wie Nietzsche und Schopenhauer können sprachliche Vorbilder sein, ohne dass man ihnen alles glauben müsste. Das Grundgesetz! Ja genau.

Albert Camus war und blieb mir einer von denen, die spannend waren von Anfang an. Seine Texte sind für mich nie zu Ende, sind Steinbrüche für Zuversicht und Mut, Skepsis und Zweifel, Leben und Aufklärung, Humanität. Seit Ende der 1950er-Jahre ist er mein Wegbegleiter.

Alle akuten Fragen des Lebens, auch meines Lebens, fand ich bei ihm wieder. Menschen betreffend, das Zusammenleben und die Politik, generell, individuell. Freiheit, Maß und Verantwortung! Und Annäherungen und Auseinandersetzungen, die mir einleuchteten und Anlass gaben zum Nachdenken. Verstehbar. Und offensichtlich nicht nur für mich. Es wurde mehr und mehr über ihn geschrieben und von ihm veröffentlicht. Und die beiden zentralen Worte, die ihn ausmachen, fanden und finden sich immer wieder in den Titeln und Texten von ihm und über ihn: Einfachheit, Freiheit. Als Klarheit und als Lust auf Leben, so empfand ich, was er schrieb. Man muss wirklich nicht in jedem Punkt übereinstimmen, um von einem anderen lernen zu können.

Albert Camus, am 7. November 1913 in Mondovi in Algerien geboren, am 4. Januar 1960 gestorben bei einem Autounfall bei

Petit-Villeblevin, beerdigt auf dem Friedhof von Lourmarin. Seine Mutter war Spanierin, sein Vater Algerien-Franzose, dessen Eltern aus dem Elsass stammten, gestorben ist sein Vater im 1. Weltkrieg als Soldat im Alter von 29 Jahren.

Albert Camus war eineinhalb Monate älter als Willy Brandt, das fiel mir bei der Beschäftigung mit ihm bald auf. Ob die beiden sich jemals begegnet sind, weiß ich nicht. Willy Brandt saß auf dem Parteitag der SPD 1959 in Godesberg noch in der zweiten Reihe des Vorstandes, da hatte Camus schon 1957 den Literatur-Nobelpreis erhalten, im Alter von 43 Jahren. Er war erst 46 Jahre alt, als er Anfang 1960 starb. Ein früh Vollendeter oder ein Gescheiterter? Einer mit Potenzial für eine spannende zweite Hälfte seines Lebens, bin ich mir sicher. Aber die gab es nicht.

Die Meinungen gingen und gehen da aber weit auseinander. Sartre und viele der Linksintellektuellen Frankreichs waren längst nicht seine Freunde, sondern Gegner, manche sogar Feinde, und das änderte sich auch nicht mit Camus' Tod.

Camus war kein Wissenschaftler des menschlichen Seins, kein Philosoph, und wollte es auch nicht sein. Aber er war ein Lebenskommentator. Und in dieser Rolle schrieb und veröffentlichte er 1953 seinen Essay »Der Mensch in der Revolte«. Es war eine Abrechnung und mehr noch Kampfansage an die, die andere – mit welchen Begründungen auch immer – unterdrückten und ermordeten. Oder dies beschwiegen. All jene, für die die Revolution an sich das Ziel ihrer Ideen vom Leben war.

Camus fand klare Worte zu den Verbrechen der Nationalsozialisten. Auch zu denen des sowjetischen Kommunismus und der Diktatur in Spanien. Auch zur Niederschlagung von Aufständen in der DDR und in Ungarn. Seine Deeskalationsforderungen im Algerien-Konflikt kamen bald hinzu. In der Einleitung zum Essay »Der Mensch in der Revolte« heißt es: »Aber die Sklavenpferche unter dem Banner der Freiheit, die Massenmorde, gerechtfertigt durch Menschenliebe oder den Hang zum

Übermenschen, stürzen in gewissem Sinne das Urteil um. Am Tage, an dem das Verbrechen sich mit den Hüllen der Unschuld schmückt, wird von der Unschuld verlangt, sich zu rechtfertigen.« Es ist der Ehrgeiz seines Essays, diese befremdliche Herausforderung anzunehmen und zu untersuchen. »Es geht darum zu wissen, ob die Unschuld, sobald sie zu handeln beginnt, sich vom Töten nicht abhalten kann.« Sein Verdikt gegen den »Sozialismus der Galgen« in Ungarn passte in diese Linie. Er sah keine Rechtfertigung für den Anspruch, mit Gewalt eine »gute Zukunft« aufbauen zu dürfen und zu können.

Seine Position – von Sartre & Co. als »gute Seele« verspottet – imprägnierte unsereins früh gegen alle revolutionäre Begeisterung in Europa und anderswo und stachelte uns an zu der Überzeugung, dass es andere Wege zu mehr Gerechtigkeit und Freiheit und Frieden in der Welt geben muss. Das Thema spiegelt sich auch in seinen Bühnenstücken wider, auch beim Thema »politischer Mord«. »Die Gerechten« zum Beispiel. Es ist wohl nicht falsch, sie als Lehrstücke verstehen zu wollen.

(Für »Die Gerechten« bin ich mit einem Fahrrad ohne Gangschaltung zu einer Aufführung des Westfälischen Landestheaters in Neheim gefahren, eine Strecke von 16 Kilometern. Das muss etwa 1965 gewesen sein. Das Profane ist profan, aber beweiskräftig.)

Als erstes Buch von Camus habe ich den »Mythos von Sisyphos« gelesen. Untertitel: Ein Versuch über das Absurde. Der Essay, der noch einen Anhang zu Franz Kafka enthält (der beim Erstdruck auf Anweisung der deutschen Besatzung in Paris gestrichen wurde, weil Kafka Jude war), beginnt mit einer echten Provokation: »Es gibt nur ein wirklich ernstes philosophisches Problem: den Selbstmord. Die Entscheidung, ob das Leben sich lohne oder nicht, beantwortet die Grundfrage der Philosophie. Alles andere – ob die Welt drei Dimensionen und der Geist neun oder zwölf Kategorien habe – kommt erst später. Das sind Spielereien, zunächst heißt es Antwort geben.«

Dass irgendwann die Plackerei des Lebens ein gutes Ende finden könnte, verspricht uns Camus nicht. Im Gegenteil. Er geht davon aus, dass dem Sisyphos der schwere Stein, den er den Berg hinaufrollt, wieder herunterrollen wird und Sisyphos neu beginnen muss. Immer wieder und unabänderlich. Bei Camus endet das gleichwohl zuversichtlich: »Der Kampf gegen Gipfel vermag ein Menschenherz auszufüllen. Wir müssen uns Sisyphos als einen glücklichen Menschen vorstellen.« Das Votum heißt: Leben. Nicht freiwillig oder leichtfertig auch nur ein Stück davon abgeben, es nicht zerstören.

Da konnte ich gut zustimmen. Nicht zufrieden war ich mit Camus' Theorie vom Absurden, an der er seine Argumentation in seiner frühen Phase im Wesentlichen festmachte. Weshalb soll unser Leben absurd sein, wenn es keine Schöpfungsgeschichte hat, die Sinn verleiht?

Wir Menschen selbst geben der Sache doch Sinn. Wir sind doch Wesen, die zur Sinngebung fähig sind. Sind Menschen, die zum Beispiel zu Menschenrechten fähig sind. Das ist nicht absurd. Es ist doch nicht so, dass die allgemeinen Menschenrechte schon immer anerkannt wurden, bevor sie 1948 Teil der UN-Charta wurden. Nein, Menschen setzten sie. Was mehr an Sinn könnte denn gesetzt werden?

Als Philosoph sah Camus sich nicht. Oder doch nur zuletzt. Er war Kommentator, Journalist, Autor, Stückeschreiber, Berichterstatter. Einer, der die Welt nicht lassen wollte, wie sie ist. Ein Mensch in der Revolte. Skeptischer Aufklärer, Sozialist, Politischer Literat. Ein Verteidiger der Freiheit. Ein Humanist, der auf eine gerechte und menschliche Welt hoffte. Und in seinen gut zwanzig Jahren des Wirkens wurde aus dem Propheten des Absurden ja auch der Kämpfer in der Revolte und der Mann von Maß und Verantwortung.

Er hätte uns noch einiges zu sagen gehabt.

Bei seinem tödlichen Autounfall hatte er die ersten – handgeschriebenen, unredigierten – 144 Seiten eines Romans/

eines Buches dabei, das er bei seiner Rede aus Anlass der Verleihung des Nobelpreises für Literatur 1957 angekündigt hatte. *Der erste Mensch,* so wurde diese Veröffentlichung aus dem Nachlass 1991 betitelt – deutlich biografisch.

Das letzte zu seinen Lebzeiten veröffentlichte Buch Albert Camus' war »Der Fall«. Ein neuer, anderer Camus in einer anderen Form, einem ungewohnten Stil.

Eine Novelle? Ein Monolog jedenfalls, den er seiner fiktiven Figur – Johannes Clamanns – in den Mund legt als dessen selbstkritisch-arrogante und deprimierende Lebensbeichte.

Jean gibt sich dabei als Franzose zu erkennen, der lange Zeit in Paris lebte, ein erfolgreicher Rechtsanwalt, gut 40 Jahre alt. In einer Lebenskrise (das Wort fällt wohl nicht, aber man fühlt es) zog er um nach Amsterdam, wo er als Bußrichter im Hafenviertel ihm bisher fremden Menschen die Lebensbeichte (auch das Wort fehlt) abnimmt, im »Mexico City«, bei einem brummigen Kneipenwirt, der viel guten Wacholder kredenzt.

Kein Mittelmeer, keine Sonne, kein Esprit. Eine ausschweifende, mäandernde Sprache.

Weshalb dieses Bühnenbild, dieser Ton? Warum der Perspektivwechsel? Weshalb ist Sisyphos so müde? Man wird von Anfang an den Eindruck nicht los, dass hier einer mit sich selbst abrechnet, ins Reine zu kommen versucht.

Clamanns mit Clamanns.

Camus mit Camus?

Fast mittendrin in diesem Monolog findet sich die Erklärung, relativiert durch »eine Entschuldigung, die so dürftig ist, dass ich nicht daran denken kann, sie ernsthaft gelten zu machen. Doch sei sie immerhin vorgebracht: ich habe nie wahrhaft überzeugt glauben können, dass die Angelegenheiten der Menschen ernst zu nehmen seien«. »So lebte ich also unter den Menschen, ohne ihre Interessen zu teilen. Und brachte es infolgedessen nicht fertig, an die Verpflichtung zu glauben, die ich einging.«

Sein Dilemma kulminiert in der Situation mit einer fremden Frau – eines Nachts – an einer der Seine-Brücken, die alleine am Geländer steht. Längst ist er vorbeigegangen an ihr, als er das Aufklatschen eines Körpers auf dem Wasser zu hören meint und einen Schrei oder auch nicht. Was hätte er tun sollen? Immerhin las er in den Tagen danach keine lokalen Zeitungen.

Wenige Jahre danach saß Camus als Beifahrer in einem Auto, das auf der Landstraße Richtung Paris an einem Baum zerschellte. Er war einer der Toten dieses Unfalls.

Ich bin sicher, aus Zuversicht, Sisyphos hatte nicht aufgegeben.

Ob Albert Camus den Literatur-Nobelpreis 1957 letztlich für »Der Fall« bekam oder für »Die Pest« oder für sein Gesamtwerk, ich weiß es nicht. »Die Pest« und »Der Fremde« sind wohl seine bekanntesten Werke in Deutschland. Die Pest des Nationalsozialismus war vorbei, aber es gab sehr wohl noch Gefahren. Die Gleichgültigkeit ist eine der größten und nicht vorbei. Aber es blieben noch Chance und Zuversicht.

Es gibt bei Camus Jonas, den Künstler, der in der Gemeinschaft Alleinsein sucht. Als dieser Jonas, der sich Schritt für Schritt in seinen Verschlag in seiner Wohnung – in der er mit seiner Frau und ihren gemeinsamen Kindern lebt – zurückgezogen hat, um dort zu arbeiten und zu malen, eines Tages wegen vorübergehender Gesundheitsprobleme ärztliche Hilfe braucht, finden seine Familie und seine Freunde in seinem Arbeitsverschlag eine Leinwand vor. Sie ist leer, aber hat in ihrer Mitte, klein und nicht sicher zu entziffern, ein einziges Wort: »Solidaire« steht da oder »Solitaire«, d oder t? Wem fiele nicht Kafka ein bei diesem Rätsel.

Aber Camus war auch ein Klartextautor – mit seinen Briefen an einen fiktiven deutschen Freund in der Zeit der deutschen Besatzung von Paris. Als diese insgesamt vier Briefe nach Kriegsende noch einmal publiziert werden sollten, hielt

Camus ein Vorwort für nötig, das die Briefe einordnete, und stellte klar:

»Wenn der Verfasser dieser Briefe »ihr« sagt, meint er nicht »ihr Deutschen«, sondern »ihr Nazis«. Wenn er »wir« sagt, heißt das nicht immer »wir Franzosen«, sondern »wir freien Europäer«.«

In dem Vierten dieser Briefe, 1945 in erschienen, heißt es:

»(...) Und Euch zum Trotz werde ich Euch den Namen Mensch nicht absprechen. Wenn wir unserem Glauben treu sein wollen, sind wir gezwungen, das in Euch zu achten, was Ihr bei den anderen nicht achtet. Lange Zeit war das ein gewaltiger Vorteil für Euch, da Euch das Töten leichter fällt als uns. (...) Zeugnis abzulegen haben, damit der Mensch über seine schlimmsten Irrtümer hinweg seine Rechtfertigung und seinen Adel der Unschuld erlangt.«

BERT BRECHT, 1898–1956

Wer ein Nachgeborener der NS-Zeit war, sich für Politik und *auch* Literatur interessierte, oder für Literatur und *auch* Politik, der ging in den 1950ern und den folgenden Jahrzehnten nicht achtlos an Bertolt Brecht vorbei. Denn Brecht war Zeitzeuge, Kommunist, Partei, Deutscher, Sprachkünstler, Stückeschreiber, Bühnenmeister.

Die Brechtomanie ist in die Jahre gekommen, mindestens seit die damalige Formation des Kommunismus Geschichte wurde. Aber immer mal wieder blättere ich bei Brecht und suche, ob er (gestorben 1956) nicht doch auch Antworten auf heutige Fragen gab. Appelle oder Lebensratschläge, denn die waren ja auch seine Sache. Das würde mich interessieren, ich traue ihm zu, auch unsere neue Zeit auf den Punkt zu bringen. Mindestens klug falsch, und auch damit kann man ja was anfangen. Schräge Antworten, wenn sie klar verständlich sind, können recht nützlich sein bei der Findung der Wahrheit.

Brecht glaubte wohl (ob er das Wort »glaubte« als unfreundlichen Akt gegen ihn gewertet hätte? Mag sein, aber trotzdem ...), dass der Stein, der Sisyphos gezwungenermaßen beschäftigt, irgendwann doch oben liegen bleibt. Dass also das Gute sich am Ende doch durchsetzt. Auf der Höhe sein wird. Punkt. Sieg also. Da hat sich Brecht geirrt. Aber trotzdem ist es interessant, seine Worte zu wägen. Denn so ganz sicher, das kann man auch erkennen, war er sich wohl nicht. Ich finde bei ihm dafür keine Beweise, aber Unklarheiten, Widersprüchlichkeiten, Doppeldeutigkeiten, gezielte oder vermutete. Jedenfalls – und deshalb war er immer interessant für mich – ging es bei ihm ums Zentrale, um die wichtige Verbindung von Politik und Literatur.

So bei den Nachgeborenen:

> *»Die wir den Boden bereiten wollten für Freundlichkeit*
> *Konnten selber nicht freundlich sein.«*

Und abschließend:

> *»Ihr aber, wenn es so weit sein wird*
> *Dass der Mensch dem Menschen ein Helfer ist*
> *Gedenket unserer*
> *Mit Nachsicht.«*

Da kann ich nicht klatschen oder besinnlich sein.

Diktatur und Gulag, Zensur und Willkür, Opfer millionenfach – alles Unfreundlichkeiten nur, die Freundlichkeiten vorbereiten helfen sollten? Welche Freundlichkeiten? Die Diktatur des Proletariats, exekutiert vom Zentralkomitee, einem Vorsitzenden und seiner Polizei?

Und der neue Mensch, der dem Menschen ein Helfer ist? Wo ist der dann? Was passiert mit ihm, wenn er der Diktatur nicht gehorcht?

Das Ziel wird hier nicht nur durch den skandalös menschenfeindlichen Weg diskreditiert, es ist selbst skandalös. Brecht war zu klug, um diese brutale Verlogenheit seiner Zeilen nicht gesehen zu haben.

In der 30., der letzten Strophe seiner Ballade von der Billigung der Welt kann man das resignierende Ergebnis lesen:

»Da Niedrigkeit und Not mir nicht gefällt
Fehlt meiner Kunst in dieser Zeit der Schwung
Doch zu dem Schmutze eurer schmutzigen Welt
Gehört – ich weiß es – meine Billigung.«

Auch Brechts »Lob des Kommunismus« ignoriert die Lebenswirklichkeit, die Wahrheit also, aber beim Resümee in dieser letzten Zeile schimmert sie doch durch:

»Lob des Kommunismus.
(...)
Wir aber wissen:
Er ist das Ende der Verbrechen.
Er ist keine Tollheit, sondern
Das Ende der Tollheit.
Er ist nicht das Rätsel
Sondern die Lösung.
Er ist das Einfache,
Das schwer zu machen ist.«

Schwer zu machen – er weiß es nur zu gut.

Trotz allem: Richtig ist, es muss etwas geschehen. Das stimmte! Das stimmt! Keine Illusion! Keine Resignation! Es muss etwas geschehen.

Dabei wird das Ziel immer nur ein Zwischenziel sein können. Und der politische Weg immer auch Teil des politischen Ziels.

Ich erinnere mich an gute Gespräche mit Johannes Rau zu den Inhalten des Einheitsfrontliedes von Bertolt Brecht. Wir versuchten herauszufinden, ob die Reihenfolge der Strophen, die über die soziale Gerechtigkeit und die Bekämpfung der sozialen Not zur Würde des Menschen, zur Freiheit führt, eine Rangfolge ist. Ob beide große Ziele und Versprechen zur gemeinsamen politischen Tat herausfordern. Ob die Arbeitereinheitsfront in ihrer sympathischen Schlüssigkeit nicht doch die zentrale Bedeutung des Individuums und seiner Rechte und Pflichten in fragwürdiger Weise unterschlägt.

Mir ist und bleibt die 2. Strophe die zentrale: keiner Herr und keiner Knecht. Also Demokratie, auch als Lebensform. Alles andere Wichtige ergibt sich daraus.

»Und weil der Mensch ein Mensch ist,
hat er Stiefel im Gesicht nicht gern.
Er will unter sich keinen Sklaven sehn
und über sich keinen Herrn.«

Bei Brecht spielt noch das Wort Weisheit eine Rolle, die inzwischen fast aus unserem Wortschatz fällt. Weisheit, ach je. Und wenn sie wirklich und am ehesten mit »Höchstmaß an Erkenntnis und dem klugen Umgang damit« beschrieben werden kann, ist unser sparsamer Umgang mit ihr allerdings verständlich. Denn in dem zitierten Zustand sind wir bei Weitem nicht.

Bei Brecht bleibt ihr gelegentliches Aufflackern gleichwohl sympathisch, denn sie umfasst dort mehr als Wissenschaft und politische Tat.

Brechts »Legende von der Entstehung des Buches Tao Te King auf dem Weg des Laotse in die Emigration« erzählt vom Handeln des Weisen, nicht so sehr von Inhalten seiner Weisheit. Oder steckt in dieser Tatsache die Weisheit, die man finden muss? Kommt es aufs Handeln an?

»Als er Siebzig war und war gebrechlich
drängte es den Lehrer doch nach Ruh,
denn die Güte war im Lande wieder einmal schwächlich
und die Bosheit nahm an Kräften wieder einmal zu.
Und er gürtete den Schuh.«

Laotse ging dem aufziehenden Ärger aus dem Weg, aber nicht resigniert, denn er hatte etwas »rausgekriegt«, wie sein Begleiter mitteilt:

»Dass das weiche Wasser in Bewegung
mit der Zeit den mächtigen Stein besiegt.
Du verstehst, das Harte unterliegt.«

Laotse, der Weise, glaubte also, wie Brecht (?), dass das Harte unterliegt, allerdings nicht durch das Harte der Diktatur, der Bosheit, des Streites, sondern durch das weiche Wasser in Bewegung. Und im Auf und Ab der Zeiten hält unser Weiser sich aus dem Streit der Welt heraus (mindestens wo dieser handfest wird), um die kurze Zeit des Lebens ohne Furcht zu verbringen, auch ohne Gewalt auszukommen, Böses mit Gutem zu vergelten, seine Wünsche nicht zu erfüllen, sondern zu vergessen. Denn das alles gilt als weise und wir kennen es aus den Zeilen Brechts an uns Nachgeborene.

»Alles das kann ich nicht«, stellt Brecht unumwunden fest:
»Wirklich, ich lebe in finsteren Zeiten!«

Das Ich in diesem Text wirkt hier nicht anonym, sondern sehr persönlich. Wie löst sich das auf angesichts des wilden Tatendürstigkeitsgeklappers, das wir ansonsten auch von ihm kennen?

Die Legende von der Entstehung des Buches Tao Te King endet mit der Strophe 13:

»Aber rühmen wir nicht nur den Weisen,
dessen Name auf dem Buche prangt!
Denn man muss dem Weisen seine Weisheit erst entreißen.
Darum sei der Zöllner auch bedankt:
Er hat sie ihm abverlangt.«

Wer ist der Zöllner? »Flickjoppe. Keine Schuh. Und die Stirne
eine einzige Falte. Ach, kein Sieger trat da auf ihn zu. Und er
(... der Weise ...) murmelte: Auch du?«

Empfiehlt Bert Brecht uns, auf Laotse zu hören und nicht auf
Brecht? Oder ist er insgeheim doch Laotse und gibt uns, wenn
wir ihn fragen, seine einundachtzig Sprüche?

Zugegeben, ans Ende komme ich nie bei ihm, finde aber gerade diesen knappen 4-Zeiler, der auch 81 Sprüche wert wäre,
voller hinterlistiger Wahrheit, die in ihm gespeichert ist:

»Sorgfältig prüf ich
meinen Plan: Er ist
groß genug, er ist
unverwirklichbar.«

Ich habe mich entschieden: Ich hänge Brecht nicht ab.

STANISLAW JERZY LEC, 1909–1966

Aphorismen. Entweder hat man Spaß daran oder man findet
sie lapidar oder langweilig oder unvollständig. Jedem sein Plä-
sier. Und natürlich gibt es starke und schwache Aphorismen,
Geistesblitze und Banales/Binsen.

Das gilt aber auch für Romane und Essays, und das diskreditiert auch nicht ein ganzes literarisches Genre.

Es gibt die Erwartung, dass Aphoristiker Satiriker sein müssten. Bitterböse. Weshalb? Auch da gilt: Viele hochgelobte Lang-
fassungen leisten das doch auch nicht. Dass die Aphorismen

optisch – als Gesamtbild sozusagen – wie Kalendersprüche aussehen, macht sie nicht minderwertig. Nicht alle Romane sind interessanter als Gebrauchsanweisungen.
Also keine Chance bei mir,
bin für Gleichberechtigung auch hier.
Lang oder kurz
ist im Prinzip schnurz.

Aber zugegeben, es ist schon so: Wer komplette Antworten geben will und jedes Schlagloch vermeiden oder jeden Beweis führen, der braucht Platz. Dagegen kann man nichts haben und sagen. Das Brett ist eben immer gleich dick. Man kann es in der Dicke bohren, also so dünn wie möglich. Man kann es in der Länge bohren, je nach Länge des Brettes. Beides ist Kunst.

Stanislaw Jerzy Lec wurde am 6. Mai 1909 in Lemberg geboren, ging in Wien zur Schule, studierte Jura, entrann dem Tod im KZ nur knapp. Nach dem Krieg war er auch im diplomatischen Dienst seines Heimatlandes Polen. Lec starb am 7. Mai 1966 in Warschau.

Lec sah sich als Lyriker und Aphoristiker, nur in Maßen als Satiriker. Er schrieb rund 1500 Aphorismen/Epigramme, rund 1000 davon sind als »Unfrisierte Gedanken« ins Deutsche übertragen worden.

Ich habe Lec seit den 1970er-Jahren als muntermachenden Begleiter in mancher Aktentasche mitgeschleppt.

Es ist schwer für einen Autodidakten, den Gehalt von Aphorismen zu beschreiben und zu würdigen, man kann sich ja nicht auf konkrete Situationen und Personen oder Handlungen beziehen. Aphorismen sind Spiegel, in die man selber blickt. Und wen sieht man da?! Mit anderen über Aphorismen zu sprechen hat was Exhibitionistisches, das macht man besser nicht.

Also bleibt wohl nichts Klügeres zu tun (für mich), als ein paar dieser Aphorismen zu zitieren, damit wer will in diesen Spiegel blicken kann.

Es sollte uns aber bewusst sein, dass Gefängnisse, Denunziantentum und Henker für Jerzy Lec zu unmittelbaren Lebenserfahrungen zählten.

Auch Karl Dedecius, der die Aphorismen aus dem Polnischen ins Deutsche übertragen hat, macht einen guten Vorschlag (im Nachwort): »Man muss die Anzahl der Gedanken derart vervielfachen, dass die Anzahl der Wächter für sie nicht ausreicht.«

Ich erlaube mir, ohne vermittelbare Systematisierung drei Gruppen von Aphorismen zu bilden, auf die es sich meines Erachtens zu blicken lohnt.

Stanislaw Jerzy Lec:

- ☐ Fürchtet die vielen witzlosen Narren.
- ☐ Rassisten! Sie lassen keine schwarzen Gedanken zu.
- ☐ Kannibalen bevorzugen Menschen ohne Rückgrat.
- ☐ Aus einem gebrochenen Rückgrat wächst ein psychischer Buckel.
- ☐ Spuren vieler Verbrechen führen in die Zukunft.
- ☐ Roboter, triumphiert nicht zu früh. Der nächste Fortschritt könnte auch euch befreien.
- ☐ Menschen haben Spätzündung, sie begreifen alles erst in der nächsten Generation.

- Ein genialer Gedanke kommt auch ohne Worte aus.
- Die meisten Denkmäler sind hohl.
- Wer den weitesten Horizont hat, hat meist die schlechteste Aussicht.
- Ich singe im Chor – doch nur die Solopartien.
- Romanschriftsteller: einer, der aus Feigheit seine Gedanken in fremden Köpfen versteckt.
- Kollektiver Irrtum ist leichter zu tragen.
- Ich stimme mit der Mathematik nicht überein. Ich meine, dass die Summe der Nullen eine gefährliche Zahl ist.

- Die Wahrheit liegt meist in der Mitte (und ohne Gedenkstein).
- Man kann nach einem Ziel nur dann sein Leben lang streben, wenn sich dieses Ziel ständig entfernt.
- Unsere Taten sind dabei, unsere Gedanken einzuholen. Wehe, wenn sie sie überholen.
- Schwimmer gegen den Strom dürfen nicht erwarten, dass dieser seine Richtung ändert.
- Auch zum Zögern muss man sich entschließen.
- Denkt daran, dass auch der Unglaube irgendwessen heiligstes Gefühl sein könnte. Verspottet ihn nicht.
- Der Humanismus wird die Menschheit überdauern.

Zeitschriften und Zeitungen, Hörfunk und TV wurden und waren und bleiben ständige Begleiter im Älterwerden dieser Generationen. Neue Medien und Medienflut, das gibt es nicht erst seit heute. Im Vergleich zu heute war die Entwicklung von Informations- und Kommunikationstechnologien in unseren jüngeren Jahren betulich. Mag sein. Aber verglichen mit der Zeit vor dem 1. Weltkrieg war sie aufregend und vielfältig.

Ich war Pardon-Urabonnent, las Spiegel, Konkret, Zeit, hörte WDR 3, sah TV, las Tageszeitungen, hörte Schallplatten, las Bücher, wir gingen ins Kino. Das hatte noch keine Generation vor uns so erlebt. Aber damit wurden auch die Fragen immer wichtiger: Was davon war wichtig? Was musste man wissen? Was sollte man wissen? Was wollte man wissen?

Das haben mit Sicherheit viele Menschen meines Alters – heute zwischen 65 und 90 Jahre alt – so und ähnlich erlebt. Für die Generationen davor und danach sortierten sich diese Dinge schon wieder anders.

Eine Ausgabe einer Zeitschrift will ich hier hervorheben, weil sie mir seitdem in den über 53 Jahren unvergesslich ist und weil sie an Wert für mich nicht verliert, nicht Geschichte wird.

Mitte 1965 erschien das »Kursbuch I 1965« bei Suhrkamp. Wieso ich das wusste und wie ich an diese Ausgabe kam, weiß ich nicht mehr. Mein heimischer Buchhändler hat das Buch ganz sicher nicht unter den Bestsellern des Monats angeboten, eher unter dem Tisch gehandelt. Im Einzelverkauf kostete das Kursbuch 8 DM, im Jahresabo – 4 Ausgaben mindestens – à 5 DM. Ich war Abonnent und habe die Hefte 1 bis 134 (Ende 1998) bezogen. Alle sind über alle Umzüge gerettet worden, nur Nr. 130 ist verlustig. Jedenfalls habe ich mit dem Kursbuch mehr als Silberne Hochzeit erlebt.

Im Juni 1965 standen Samuel Beckett, Jürgen Becker, Uwe Johnson, Jean-Paul Sartre, Martin Walser und Peter Weiss in der Autorenliste. Ich blieb an dem Text von Peter Weiss hängen, angekündigt als Dossier über den Auschwitz-Prozess. Das Thema war seit über einem Jahr in den Medien präsent. Der Frankfurter Prozess, von Generalstaatsanwalt Fritz Bauer erkämpft, war seit Frühjahr 1964 Thema in vielerlei Hinsicht. Nach den Nürnberger Prozessen um Kriegsschuld und -sühne war 20 Jahre später mit dem Frankfurter Prozess endlich der Holocaust in den Schlagzeilen.

Peter Weiss hatte den Prozess besucht und arbeitete nun an einem Theaterstück darüber. Titel: »Die Ermittlung«. Peter Weiss stellte hier einen Auszug aus dem – natürlich auch subjektiven – Gedächtnisprotokoll vor und schrieb auf, was er gehört und teils vor Gericht auch erlebt hatte. Es ging in dem Stück nicht um den persönlichen Anteil der Schuld des einen oder anderen Angeklagten oder Beteiligten oder gar um Strafzumessung. Es ging um die Ungeheuerlichkeit des Umgangs von Menschen mit Menschen, von Menschen, die Deutsche waren, mit Menschen, die teils Deutsche, teils Nichtdeutsche waren, aber alle Juden. Zu der »Ermittlung« wurde nichts erklärt und nichts relativiert, nichts entschuldigt und nicht beschuldigt. Da wurde die Wahrheit erkennbar gemacht, mehr nicht. Aber das traf mit ungeheurer Wucht.

Und wenn sich – seitdem – tausend Gründe gefunden hätten, politisches Handeln nervig zu finden oder unergiebig oder kleinkariert. Dieser eine Grund machte – für mich – alle Einwendungen obsolet: Das Potenzial für solche Verbrechen gibt es unter Menschen – das war und ist für immer fürchterlich bewiesen – und es muss verhindert werden – von Menschen, von wem denn sonst?! –, dass so etwas auch nur in Ansätzen wieder geschehen kann. Das erfordert rechtzeitiges, mutiges, eindeutiges und nachhaltiges Handeln.

Übrigens begann das vielzitierte 1968 eben nicht erst 1968 an den Universitäten, sondern schon in der ersten Hälfte der 60er-Jahre, als der Rest des Vorhangs zerfledderte, der noch über unserem verquasten Land (ich spreche von der BRD) lag. Der Auschwitz-Prozess und die freien Medien sprengten die Ignoranz endgültig. Das hat viele aus meiner Generation wesentlich geprägt.

Nebenbei: Ich habe eben geklagt, dass mir die Nr. 130 in der Kursbuch-Sammlung fehlt. Einer hat's mitbekommen und sie mir zum Geburtstag geschenkt. Vielen Dank, Kajo. Etwas seltsam finde ich nun, dass mir genau dieser Titel verloren ging. Das Heft-Thema heißt: Das liebe Geld. Ich hatte mich schon gewundert, dass ich davon so wenig begreife. Nett finde ich aber nun das Zitat, mit dem der erste Beitrag im Heft Nr. 130 beginnt:

Nestroy: »Die Phönizier haben das Geld erfunden. Aber warum so wenig?«

Man schmunzelt. Und weiß, es gibt nicht zu wenig Geld, aber es ist falsch verteilt. Geld steht hier für Wohlstand, auch Macht. Ein paar Fakten, die bezeichnend sind und in den letzten Jahren so und ähnlich zu lesen waren:

• Die »westliche Welt« umfasste rund 900 Millionen Menschen, rund 13 Prozent der Weltbevölkerung. Sie stand für 86 Prozent Weltkonsum, 79 Prozent Welteinkommen, 58 Prozent Weltenergieverbrauch.

- Aktien hatten 1950 eine Haltezeit von vier Jahren, um 2010 von zwei Monaten, 2013 von 22 Sekunden. Der Turbo-Kapitalismus, der mit Geld Geld verdient ohne Rücksicht auf die Auswirkungen auf konkrete Menschen, wird mit Supermaschinen betrieben. Unkontrollierbar? Unbeherrschbar?
- »Den Daten des Schweizer Finanzdienstleisters Credit Suisse zufolge besitze das reichste Prozent der Weltbevölkerung praktisch genauso viel wie deren Rest; und auch die Hälfte des globalen Wohlstandszuwachses seit Beginn des Jahrtausends sei allein diesem einen Prozent der Menschheit zugutgekommen.« Anders: 2015 waren die 62 Reichsten der Welt so reich wie die ärmere Hälfte der gesamten heutigen Menschheit; also 62 zu 3.800.000.000 (das Zitat stammt aus dem Buch von Stephan Lessenich: »Neben uns die Sintflut«). Anmerkung: Ich behandele das hier unter Bücher und Literatur, bin mir aber bewusst, dass das ein Stoff ist, der sich zum Skandalisieren eignet und der nur schwer zu meiner Zuversicht passt.

VI. LEBENSLANGE TÜFTELEI MIT WORTEN

Spielen ist ein Teil des Lebens. Sogar ein recht großer. Richtig besehen, sogar der größte. Alles jenseits der wirklichen Pflichtaufgaben kann man dazuzählen. Auch wenn das manchen zu unernst scheint, die lieber arbeitstüchtig sind als spielfreudig. Körperlicher Stillstand im Liegestuhl und das Schlucken von Gesundheitspillen und Serie gucken sind Grenzfälle. Spiele ohne Altersgrenze nach oben sind jedenfalls wichtig.

Alle freie Zeit, die wir gestaltend oder experimentierend nutzen, ist auch Spielzeit. Das gilt für Kartenspiel und Wandern und Malen und Oldtimer, für Basteln, Puppenkleider schneidern, Mops hüten, Modelleisenbahn im Keller bedienen, Eulen sammeln, ins Stadion gehen oder zum Gesangsverein, Vogelkästen bauen oder Laientheater.

Wer nicht mehr spielt und nicht mehr experimentiert, der ist am Ende. Schüttelreimreimen und Buchstabensalatrühren gehören meiner Meinung nach zum Spielen dazu. Ich sage Tüftelei dazu, denn es geht um kleine und kleinliche, erhellende und nervende, treffende und nichtssagende Buchstaben- und Wortklaubereien, die ohne Sinnsuche und Botschaft sind, aber doch manchmal anregend.

Ich tüftele also mit Buchstaben und Worten, um herauszufinden, was ich denke. Gedanken sind gut und schön, aber sie verlassen sich auf meine Bequemlichkeit. Ich traue meinen Gedanken nicht, solange sie nur im Kopf sind. Dort sind sie verführerisch einfach. Aufgeschrieben erscheinen sie oft in anderem Licht und unterliegen meiner Kontrolle.

Wenn ich tüftele, also meine Gedanken aufschreibe und in Ordnung bringe, wird so manches offenbar. Ausrufezeichen sind selten. Fragezeichen eher häufig. Meistens drängen sich Veränderungen auf. Manchmal geht es sogar gründlich schief und man muss den Gedanken streichen. Zurück auf Start.

Die Kluft zwischen Spiel und Ernst ist bei der Tüftelei tief, aber nicht breit. Es ist nicht so, dass Spiel und Arbeit immer zu unterschiedlichen oder gar gegensätzlichen Ergebnissen führen. Für Profis ist das Spiel auf der Bühne oder im Stadion ohnehin ihre Arbeit. Sind Politiker Profis? Und was ist mit lebenserfahrenen Älteren? Sind sie vielleicht doch ein wenig Profis des Lebens? Probieren geht über Studieren. Ich mag dieses Spiel. Einige Tüfteleiergebnisse schreibe ich hier auf. Wer solche Spielereien nicht mag, kann die Seiten gerne überblättern. Aber vielleicht könnten Sie auf der letzten Seite des Kapitels prüfen, ob Sie nicht wenigstens eine Zeile lang mitspielen wollen. Da geht's nämlich um Aphorismen übers Älterwerden.

DAS GRAMMOPHON

Es war einmal ein Grammophon
das spielte manchen starken Ton
OHOHOHOHOHOHOHOHOHO
doch irgendwann wurd es dann leiser
ohohohohohoho
wurd' immer leiser
ooooooo
schließlich wurd es auch noch heiser
öcöcöcöc
dann stand es still
(.......)

Und Opa sagt zum Enkelsohn:
Hohöchöch
Dies hier, das ist mein Grammophon.

OHNE ENDE
Da das dünne wie
das dicke Ende nie
oben unten wo auch ist
und ich mitnichten Defätist
lässt sich damit gut leben.
Eben-
erdig.

TOTALE
So ist es geworden.
So ist es.
So wird es werden.
So wird es geworden sein.
So wird es geworden gewesen sein.
So wird es gewesen geworden sein.
So war es.

VERSPRECHEN
Wenn ich könnte,
würde ich Dir sagen:
Wenn ich kann,
sage ich Dir:
dass:
... Ehrlich!
Aber: Wenn...

DIE IRREFÜHRUNG
1 Ich habe Nein gesagt.
   Man kann ja nicht immer Ja sagen.
2 Ja.
1 Ja?
2 Nein, ja.
1 Ja, Nein.
2 Ja, ja.
1 Nein!

MERKWÜRDIG

1 Ich merke was.

2 Was merkst du denn?

1 Das weiß ich nicht.

2 Dann merkst du nichts.

1 Kann man nichts merken?

2 Ich merke alles.

1 Woher weißt du das?

STANDORTBESTIMMUNG

Dort ist die Welt
und ich bin hier.
Kann das sein?
Ich meine: Nein

Also ist die Welt nicht dort
und ich bin auch nicht hier.
Ist das wirklich wahr?
Naja.....

Vielleicht bin ich ein Stück von ihr,
die Welt ist dann ein Riesen-Wir.
Ich wäre dann ein Mann von Welt
und ihr, ihr seid mein dicker Held.

Ich bin dann ich
bin ganz groß klein.
Das wird so sein.
So reimt der Reim,
ich schlage ein.

RÜCKSCHRITT 2015 ff.

Erst kommt das Fressen,
dann kommt die Moral.
Das ist gesagt.

Was kommt aber zuerst,
wenn statt Moral zweitens die Menschenrechte kommen?
Die Frage stellt sich.

Demokratie kommt da nicht zuerst,
denn sie gründet ja auf den Menschenrechten
und kann nicht vor ihnen kommen.

Erst kommt die Sicherheit,
dann kommen die Menschenrechte.
So geht es doch.
(Und die Ergebnisse der verdeckten Umfrage
hierzu sind eindeutig positiv.)

LOBGESANG DER BRILLE

Es war mal eine Brille,
ne klasse, keine schrille.
Sie blickte sehr frontal
mal rechts, mal links,
mal unten und mal oben.

Sie passe genau auf diese Nase,
auch zu den beiden Ohren,
als wär sie hier geboren.
Sie fand ihr Leben,
wie es war,
echt wunderbar
und randlos fein,
so könnte es auf immer sein.

Doch Undank ist der Weltenlohn –
Sie ahnen's schon.
Die Gute kam in den Verruf,
sie würde nicht mehr taugen.
In Wahrheit war sie fit wie eh,
wer platt war, war'n die Augen.

Trotzdem, egal,
die Neue kam,
sie saß dick im Gesichte.
Es wäre traurig, wäre dies
das Ende der Geschichte.

Das ist es nicht.

Zum einen kam es schlimmer:
Die Augen schlossen sich für immer.
Die Neue war damit schon bald
sehr alt.
Zur guten Alten: Unterdessen
war die noch lange nicht vergessen.
Zwar kam sie zunächst zum Müll,
nicht ganz,
da war ja Hans
(im Glück),
der gab das Stück
an Brillen-Bernis Sohn,
den mit der Trödeltradition.

Ja, ja. Und unsere gute Brille lag
an jedem Sonn- und Feiertag –
Moment: Sie liegt (!)
an jedem Sonn- und Feiertig
auf Brillen-Bernis Trödeltisch,
geputzt und unverändert frisch
und blickt, präsent, frontal,
mal rechts, mal links,
mal unten und mal oben.
Die Brille muss man wirklich loben.

Das Publikum steht still und staunt.
Der Kenner kennt das und er raunt:
Jetzt.
Ja. Jetzt nimmt Brillen-Bernis Sohn
besagte in die Hände,
ganz vorsichtig
hebt er sie hoch,
zeigt sie herum
dem hochgespannten Publikum.

Und spricht mit fester Stimme:
Leute!
Heute
ehren wir die Brille.
Jede. Die laute und die stille –
heut ist Weltbrillentag.
(Zwischenrufe: Bravo! Schön!
Ich kann auch schon viel besser sehn.)

Seht diese hier, ein Unikat,
gleitgläserhaft, gestochen scharf,
die vieles zu erzählen hat
vom Leben, wie es wirklich ist,
verrutscht, beschlagen, auch mal trist.

Wir hören nun, ich bitt um Stille,
besagten »Lobgesang der Brille«.
Für die selbige vorgetragen
ich kann aber jetzt schon sagen:
die Rede wird ne Pause haben,
so nach dreiviertel Stunden.

(Dürfen wir uns setzen?
Bitte. Nur nicht schwätzen!)

Brillen-Bernis Sohnes Lobgesang der Brille:
Es war mal eine Brille,
ne klasse, keine schrille.
Sie blickte sehr frontal,
mal rechts, mal links,
mal unten und mal oben.
Die Brille konnte man nur loben.

(Was soll dort das Gekeife?
Das ist ne Leseschleife!)
Sie passte genau auf diese Nase,
auch zu den beiden Ohren,
als wär sie hier geboren.
Sie fand ihr Leben,
wie es war,
echt wunderbar
und randlos fein,
so könnte es auf immer sein.

(patsch klatsch patsch)

Es regnet – oh! Das ist nicht schön.
Die Brille kann dann nichts mehr sehn.
Doch machen Sie sich keine Sorgen,
wir sehn uns wieder, Sonntagmorgen.
Als Starter gibt's nen kleinen Trank
und dann: Der Brille Lobgesang.

WIR ECKIGEN IM RUNDEN

Das Eckige ist Teil des Ganzen, weil das Einzelne und Besondere immer nur Teil des Ganzen ist und es außerhalb des Ganzen nichts gibt. Das Eckige, scheinbar Solitäre, gehört also in das runde Ganze. Klar bleibt gleichwohl: Das Eckige ist etwas Besonderes im Ganzen.

Man kann einwenden, dass das Ganze nicht zwingend rund ist. Aber 1. kann das niemand beweisen und 2. bleiben wir doch beim gesunden Menschenverstand: Wer könnte sich denn vorstellen, dass das Ganze, das Unendliche, ein rechteckiger Kasten ohne Ende ist? Das Beispiel trifft es: Gibt es rechteckige Sterne? Nein, das Ganze hat eindeutig Tendenz zu rund. Und intuitiv wissen wir Menschen das ja auch: Eine runde Sache macht Sinn. Eine eckige macht Ärger.

Zurück zur Sache: Der abgründige Charme des Fußballspiels (und darum geht es hier natürlich) erklärt sich aus dem im Grunde paradoxen Ziel, das Runde im Eckigen zu platzieren. Allerdings konfrontiert uns dieser seltsame und eigentlich aufreizende Umgang mit dem Thema auf dem Platz mit der Wahrheit, dass Rundes – als minimalisiertes Ganzes – tatsächlich ins Eckige passt und viele Menschen sich ausdrücklich freuen, wenn das gelingt.

Wiederum aber: Das Prinzip kann damit nicht widerlegt werden. Ecken sind definitiv ein Zeichen für Endlichkeit, während das Runde aufs Unendliche verweist. Anders: Tore schießen ist so schön, weil es zwar absurd ist, aber doch die Fähigkeit des Menschen beweist, die Naturgesetze, wenn nicht auszusetzen, so doch auf menschliche Art zu karikieren. Tore schießen macht das Eckige zu etwas Eigenartigem und Einzigartigem, etwas Künstlichem. Tore schießen ist Kunst.

Das alles zeigt auch: Eckiges ist etwas spezifisch Menschliches. Ein Fortschritt, den es ohne Menschen nicht gäbe. Dass dieses Eckige – im Falle des Fußballtores – dabei nicht beliebig groß ist, sondern in der lichten Weite verbindlich 3:1 genormt ist (7,32 m zu 2,44 m), macht die menschliche Gestaltungsmacht noch deutlicher.

Wir können deshalb sagen: Jenseits des Menschen gibt es das Eckige nicht. Aber wie der Mensch beweist, ist dies dem Runden auf paradoxe Weise verbunden. Was wären Tore, wenn es keine Bälle gäbe oder wenn die Bälle viereckig wären? Man mag ansonsten vieles zur Geschichte der Menschheit anmerken können, aber diese Herausforderung haben wir angenommen und überzeugend beantwortet: Das Runde passt ins Eckige.

DER ZUFALL

Alles, was geschieht, hat eine Ursache. Kausalität ohne Ausnahme. Es gibt keinen Zufall. Das hat Konsequenzen.

Besonders wenn etwas Unvorhergesehenes, Überraschendes geschieht, sprechen wir gerne von Zufall. Oder wenn wir keine Verantwortung übernehmen wollen für das, was sich ereignet.

Dabei kennen wir die Wahrheit. Und wir Menschen versuchen, Kausalitäten zu erkennen, auf sie einzuwirken, so die Dinge zu beeinflussen, zu gestalten, indem wir so früh und so zielführend wie möglich Einfluss nehmen auf die Entwicklung. Das Bemühen ist insgesamt nur bedingt erfolgreich. Das liegt an der Komplexität der Ursachen und an der Begrenztheit menschlicher Einsicht und Fähigkeiten und Kompetenzen. Auch wenn der Gestaltungswille ausreichend ist (er ist es oft nicht), ist doch unsere Gestaltungskraft unzureichend (aber auch manchmal größer, als wir eingestehen).

Zufall ist Zufall, weil wir Menschen ihn zum Zufall erklären.

Mehr Wahrheit steckt nicht in der Zufälligkeit.

Erstklassige Analyse, rechtzeitig entsprechendes Handeln, das ist die Antwort.

Aber wenn wir mit Wissenschaft, Forschung und Entwicklung, mit Mut zur Innovation die Gestaltungskraft stärken und die Spannbreite des Zufalls deutlich reduzieren, was ist gewonnen? Gibt es eine Garantie, dass diese zugewonnene Gestaltungsmöglichkeit so genutzt wird, dass wir von Fortschritt im Sinne der Humanität sprechen können? Wenn nicht eindeutig ist, wohin klare Analyse und aktives Handeln uns führen sollen, ist wenig gewonnen oder nichts oder schlimmer.

Und hier erst wird es richtig spannend in Sachen Zufall: Es geht um die Frage der Verantwortung. Nichtgestalten ist unverantwortlich. Unverantwortlich gestalten ist auch unverantwortlich. Bleibt ein schmaler, anstrengender Weg der Vernunft: Zufall vermeiden durch verantwortliches Handeln.

Und sich dabei gewiss sein (nicht abfinden!), dass der Zufall allgegenwärtig bleibt, weil wir weit weg sind von Allmacht. Und doch wissen, dass wir gerechtfertigt sind, wenn wir ehrlich versuchen, es besser zu machen (mehr geht nicht!). Und ein wenig ist eine ganze Menge. Der Kampf gegen den Zufall lohnt sich und der Einsatz für das richtige Ziel.

MIT DER ZEIT

Meine Mutter war sehr geduldig mit mir und hat viel Mühe darauf verwandt, mir meine Fragen, gerade auch die zur Zeit, zu beantworten. Ich habe sie damit unnötig gequält, denn ich wusste sehr bald, dass sie keine Antworten hatte. Aber ich versuchte, sie anzuspornen. Es war nicht böse gemeint und es interessierte mich wirklich. Wenngleich ich nicht erklären konnte, was mir da eigentlich so fragwürdig war. Ich war ein schlechter Frager, sie eine unzureichende Erklärerin. Immerhin versicherte sie glaubwürdig, dass ich vor der Anwesenheit auf dieser Welt auf einem der Sterne war und geholfen hatte, ihn blank zu putzen, damit er leuchtet. Man sieht das abends und nachts ja. Ich hatte keine Erinnerung daran, fand das aber glaubwürdig und mir angemessen und gewann so eine Zeitperspektive in Richtung Vergangenheit. Da sie an das unendliche Leben nach dem irdischen Tod glaubte, näherten wir uns insgesamt der Idee der Ewigkeit an. Das löste aber nicht das Durcheinander in Sachen Zeit.

So viel wurde mir mit der Zeit zur Zeit klar: Die Zeit ist eine Erfindung der Menschen, um sich orientieren und ihr Leben und den Tag und die Welt ordnen zu können. Die Zeit ist relativ wie andere Dimensionen auch. Der Raum etwa. Und die dinglichen Gegensätze, oben und unten zum Beispiel. (Bei Gut und Böse liegen die Dinge anders.) Manchmal stößt man bei der Zeit auf Absurditäten, zum Beispiel auf die Gleichzeitigkeit. Als ob Zeitscheiben übereinanderliegen könnten, dachte ich, als ich die Gleichzeitigkeit an der Zeitschiene maß. Und was war mit dem Zeitpunkt, der den Eindruck erweckt, ohne Ausdehnung zu sein?

Aber man kann die Gleichzeitigkeit ja auch als immerwährende Unendlichkeit sehen und den Zeitpunkt als einen sehr großen Punkt denken, der identisch ist mit dem All: Zeitpunkt und Zeit selbst sind dann zeitlos.

Augenblick – ja, auch so ein Zeitwort, das Fragen aufwirft. Aber der Augenblick ist mir ehrlich gesagt sympathischer als die Zeit, denn er passt in keinen Kalender, wohl aber ins Leben. Vielleicht ist er wie der Herzschlag und der Atemzug eine körperliche, menschliche Maßeinheit.

Das mit der Zeit wäre bei mir wohl deutlich entspannter, wenn da nicht der Tick mit den Uhren wäre, eine komische Sache. Sie ticken Punkte, die Uhren, und erwecken doch den Eindruck, die Zeit sei eine gerade Linie, vorzugsweise – die Sache wird ziemlich verrückt – auf einem runden Ziffernblatt mit Zahlen, unterschiedlich auf der Welt. In der Uhr gefangen, aber auf dem Weg nach vorn.

Vor 130 Jahren zeigten die Uhren in deutschen Landen noch zig verschiedene Zeiten. Jede Stadt oder Region hatte eine eigene Zeit, eine andere Minute, manchmal Stunde. Die Leute wussten das nicht, und es kümmerte sie nicht, sie hielten sich an die Sonne und die Kirchenglocke. Das war recht ehrlich. Aber der Kaiser wollte wissen, was die Uhr geschlagen hatte, und die Mobilität forderte ihren Tribut. Wie sollte das sonst mit den Fahrplänen der Reichsbahn i. E. klappen? 1893 wurde in Deutschland die Mitteleuropäische Zeit eingeführt, 22 Jahre nachdem 1871 das Deutsche Reich unter preußischer Führung entstanden war.

Die Uhrzeit ist ein gleichmacherischer, tolerierter Willkürakt, aber nützlich. Den Maler Dalí, den ich ansonsten nicht mag, fand ich ziemlich treffend mit seinen herrlich-schrecklichen Bildern mit den Schlabberuhren, ein Spott auf die Zeitjünger, die Zeitgemäßen, die ordentlich Zeithaften. Ich lehne Armbanduhren ab. Besonders links. So viel Widerstand muss sein.

Nun, es ist interessant, aber ziemlich irrelevant, wie es tatsächlich um die Zeit steht. Das habe ich begriffen. Wir haben uns in ihr eingerichtet und müssen nicht unbedingt wissen, ob es sie gibt. (Doch, man kann sich sehr wohl gut einrichten in Dingen, die es nicht gibt und die von außen ganz anders aussehen, als wir denken.) Es bleibt also dabei, dass wir aus ganz vielen Zeitpunkten eine Zeitschiene bilden, die den Zeitraum durch ... ja was? Durchdringt, durchstößt, durcheilt? Die Digitalisierung ist nicht das erste Zeitphänomen, das die Sache auch nicht klärt.

Ich halte mich inzwischen mit Vorliebe an die Lebenszeit. Die ist wertvoll, wie man merkt, und für jeden von uns endlich, wie man weiß. Und weil sonst alles so kompliziert wird mit der Zeit, aus reiner Bequemlichkeit, stehe ich morgen wieder auf, wenn der Wecker schellt, den ich entsprechend präpariert haben werde. Denn es gibt einige, die das auch tun, mit denen ich verabredet bin für eine – so nennen wir das – bestimmte Zeit. Denn die Zeit drängt. Es ist einiges zu tun. Bei der individuellen Lebenszeit weiß man, dass sie einen Anfang und ein Ende hat. Das ist auch wieder so ein Zeittrick. Aber solange die Lebensuhr tickt, ist das in Ordnung.

APHORISMEN ÜBERS ÄLTERWERDEN

Von Karl Schneider, als er 100 Jahre alt wurde:
»Du musst das Leben nehmen, wie es ist,
aber du darfst es nicht so lassen.«

Interpretationen:

1. Älter werden ist die einzige Chance, wenn du alt werden willst.
2. Älter werden fängt früh an, eher als man denken kann. Und wird nie eingeholt vom Denken. Den Reim darauf kann man sich schenken.
3. Älter werden ist an und für sich normal.
4. Älter werden gegen sich ist nicht normal.
5. »Älter geworden sind Sie nicht«, ist eine schwierige Begrüßung für den Menschen, der begrüßt wird.
6. Im Älterwerden geht das Leben weiter, bis es nicht mehr geht.
7. Älter werden ist Menschenrecht.
8. Älter werden ist einmalig.
9. Ältere sind jünger als Alte, aber Alte werden noch älter.
10. ....
    ....

(Hier nun, liebe Leserin, lieber Leser, der Platz für Ihren persönlichen Aphorismus zum Thema.)

VII. STERBEN ALS TEIL DES LEBENS

Es ist nicht egal, wie Menschen sterben. Es ist deshalb sinnvoll, auch übers Sterben zu sprechen, mit möglichst klaren Worten. »Aber sterben tut man sowieso, dazu muss man sich keine Gedanken machen«, das ist ein unsinniger Spruch, der ein Tabu markiert und rechtfertigt. Unglück für viele Menschen, für Sterbende und oftmals auch für ihre Anverwandten.

Sterben ist das letzte Stück des Lebens. Und auch für diesen Teil des Lebens gilt: Lebensqualität ist beeinflussbar. Positiv wird das Sterben nie, nie einfach, nie schön. Es wird mit Tränen und Trauer verbunden bleiben, mit Abschiedsschmerz, mit Gegenwehr und Protest. Aber das Sterben ist normal. Die Lebenskraft vergeht, dieser eine, ganz bestimmte konkrete Mensch kommt an sein Ende. Manchmal, darf man mutmaßen, verstörender für die, die bleiben, als für die, die sterben. Auch deshalb ist das Mitleiden am Sterbebett ein so zweifelhaftes Motiv bei der Forderung nach ärztlich assistiertem Suizid.

Aber ja: Es gibt auch grässliche Krankheiten als Todesursache, auch Martyrien. Es gibt sehr lange und ausweglos deprimierende Sterbezeiten, in denen sich Schmerz und Verzweiflung gegenseitig verstärken.

Aber trotzdem und noch mal: Die allermeisten Menschen sterben normal, wenn es denn dieses Wort für diese Situation überhaupt geben kann. Wir haben gute Chancen, dabei zu sein. Es ist nicht gut, uns gegenseitig Angst zu machen vor dem Sterben. Wer einmal lebt, stirbt einmal.

Das Leben des einzelnen Menschen heute ist gesünder und dauert im Schnitt deutlich länger als in den Generationen vor uns jemals. Wer geboren wird, hat Aussicht auf doppelt so viel individuelles Leben wie Kinder, die vor 300 Jahren geboren wurden. Das Leben hat sich gemacht, sozusagen. Und das Sterben ist heute nicht schwerer als in vergangenen Zeiten. Als man nicht nur früher starb, sondern als Überlebender auch die eigenen Verwandten und Bekannten und Nachbarn stöhnen und schreien hörte, wenn sie unter Schmerzen litten und niemand ihnen helfen konnte, weil Medikamente fehlten oder nicht verfügbar waren. Oder weil die medizinische Kunst sehr viel früher machtlos war als heute. Alles selbst erlebt: die ersten Herztransplantationen auf der Welt, Sensationen. Auch andere Organtransplantationen. Deshalb ist der Organspendenausweis – meine ich – auch eine wirkliche Chance für Menschen, die auf ein neues Organ angewiesen sind:

Die Formel: Ja, ich gestatte, dass nach der ärztlichen Feststellung meines Todes meinem Körper Organe und Gewebe entnommen werden.
- Man kreuzt das auf dem Ausweis an (dem richtigen, sonst ist es ungültig!)
- Den kleinen Ausweis bei sich tragen für den Fall der Fälle, das ist nicht schwer.

Der Umgang mit dem Sterben hat sich verändert. Kinder starben damals oft früh, Mütter im Kindsbett, Männer bei Unfällen, nur wenige schafften es bis 75 oder gar 80 Jahre. Pest und Not rafften viele dahin. Die allermeisten starben zuhause. Millionen in Kriegen und durch andere Gewalt von Menschenhand.

In unserer kleinen Stadt wurden Tote zuhause aufgebahrt, ein Trauerflor hing dann an der Haustür und wurde von nahen Angehörigen über Monate sichtbar am Arm getragen. Nachbarn verabschiedeten sich von den verstorbenen Menschen. Der Totenwagen, von Pferden gezogen, holte den Sarg mit dem verstorbenen Menschen am Tage der Beerdigung zuhause ab. Der Zug der Angehörigen und der Nachbarn und Bekannten folgte dem Totenwagen Richtung Friedhof. Kein Auto überholte den Trauerzug, Autos, die entgegenkamen, hielten rechtzeitig und die Fahrer nahmen ihre Hüte oder Mützen ab. Sie rauchten nicht weiter.

Im Trauerzug selbst, vor allem vorne, hinter dem Totenwagen und der engsten Verwandtschaft, wurden laut Gebete gesprochen. Der »schmerzhafte« Rosenkranz wurde gebetet. (Für Unkundige: Es gab auch den freudenreichen und den glorreichen Rosenkranz, aber für andere Gelegenheiten.) Am Eingang zum Friedhof hielt der Totenwagen und die sechs Träger trugen den Sarg von dort zum Grab. Auch der Geistliche und die Messdiener gingen – meistens vor dem Sarg – zum Grab. Wenn dann der Pastor abschließend den Segen auch für denjenigen oder diejenige aus der Mitte der Versammelten erbat, der/die als Erster/Erste »dem Verstorbenen folgen und vor das Angesicht Gottes treten« würde, schaute keiner auf. Wer möchte sich schon in einer solchen Situation verraten. Geschichten von gestern.

Es ging um ein Ereignis, dem man nicht auswich oder nicht ausweichen konnte. Auch nicht dem anschließenden Kuchenessen und Kaffeetrinken, bei dem die ganze große Verwandtschaft sich mal wieder sah und sich versprach, ab sofort schönere Anlässe für gelegentliche Treffen zu suchen. Und die Sargträger und ihre Kumpel trafen sich im Dorfkrug zur Ode auf das Leben, zum »Fellversaufen«.

Auch heute wird noch oft zuhause gestorben, mehr als wir denken, aber für die Umgebung unauffälliger. Sterben ist, gesellschaftlich gewertet, absolute Privatangelegenheit geworden. Andere sterben im Krankenhaus, im Heim, im Hospiz, bei Unfällen, in einer anderen Stadt. Das Ereignis bleibt relativ anonym. Eine kurze Anzeige in der Zeitung, oft erst nach

der Beerdigung, als wollte man vermeiden, dass »Fremde«
am Ereignis übergebührlich Anteil nehmen. Oder haben wir
keine Zeit mehr, zu trauern und gemeinsam der Verstorbenen
zu gedenken? Erdbestattung wird seltener, was praktisch ist,
weil sonst der Platz auf den Friedhöfen bald nicht mehr ausreichen würde. Urnenbestattung ist wohl in der Mehrheit, weshalb auch nicht. Anonyme Bestattung im Wald unterm Baum
scheint »in« zu sein. Oder Bestattung im oder auf dem Meer.
Auch nicht unsympathisch. Eine breite Auswahl.

Das Ende des Lebens wird mehr als je zuvor als Ende ohne Fortsetzung im Konkreten verstanden. Das spiegelt sich auch im
Abschiedszeremoniellen. Was man konsequent finden kann
oder auch nicht. Würde ist auch hier möglich und erstrebens-
wert. Bei jedem auf seine Art.
    Wichtiger ist und mehr kritische Aufmerksamkeit braucht,
was im Sterben geschieht, also im letzten Teil des Lebens. Auch
da hat sich vieles verändert in den vergangenen Jahrzehnten.
Die Hospiz- und Palliativ-Bewegung ist zur großen Hilfsorganisation für die letzte Lebensphase geworden. »Hilfsorganisation« hört sich dabei nach Laienhaftigkeit an. Das trifft aber
die Realität absolut nicht. Man könnte eher sagen: Es hat sich
ein neues Berufsbild entwickelt. Ein Beruf, der mit Erfahrung
und Können, mit Empathie und hohem Einsatz, mit Wissen
um die Bedürfnisse des einzelnen Menschen in der letzten
Phase seines Lebens und mit Sinn für die Betroffenheit der
Angehörigen sterbender Menschen zu tun hat. Mit einem festen Kern qualifizierter Hauptberuflicher, Professioneller und
einer einfühlsamen, engagierten, erfahrenen Schar von Spezi-
alistinnen und Spezialisten für Begleitung im Sterben. Wo medizinische Kunst an ihre Grenze kommt und ihr oft nur stille
Resignation möglich ist. Aber das ist noch nicht das Ende des
Lebens und die verbleibende kurze oder längere Zeit des Ster-
bens beginnt erst.

Die hospizliche Idee ist nicht neu. Es gab im Mittelalter auf den großen Wander- und Reiserouten die christlichen Hospize, die kranke und sterbende Reisende aufnahmen und pflegten. Es ging und es geht bei der Hospizarbeit vor allem darum, sich ganz auf die Bedürfnisse des betroffenen Menschen einzustellen, ihm in Zuwendung und mit Zeit für ihn zu begegnen, ihm zu helfen, sein Sterben zu leben, wie er es möchte. Hospizliche Begleitung sagt dem Sterbenden nicht, was er zu tun hat, sondern hilft dem Sterbenden, das zu besprechen, zu erinnern, zu tun, was er möchte. Auch zahlreiche ältere Menschen sind als hospizliche Sterbebegleitung aktiv. Sie bringen ein, was sie haben und was so wichtig ist, wenn das Sterben die Lebensqualität haben soll, die man sich wünscht: Zeit. Zeit für die Person, Zeit für die Lebensgeschichte dieses Menschen. Nichts ist dann wichtiger.

Anfang/Mitte der 90er-Jahre habe ich als Gesundheitsminister in NRW an der Errichtung von Hospizen in Köln und Bonn Anteil gehabt. Was mich erschreckte und in Erinnerung blieb: Das Missverständnis bei nicht wenigen Menschen draußen, die in den Hospizen Sterbehäuser sahen, in die Menschen verlegt werden, damit sie sterben. Dieses Missverständnis ist weitgehend ausgeräumt, trotzdem rate ich zur geduldigen Erläuterung dessen, was Hospiz meint und macht.

Etwas später als die neue Hospizbewegung gewann die Palliativbewegung besondere Aufmerksamkeit. Es gab (und gibt möglicherweise immer noch in Grenzen) Konkurrenzgefühle zwischen Hospiz- und Palliativarbeit, die sich aber im intensiven Zusammenwirken leicht auflösen lassen. Die Gesetzgebung hat seitdem diese Entwicklung strukturiert und gefestigt und zu einem zentralen Hilfsangebot für Bedürftige gemacht. Palliative Versorgung ist dabei nicht nur für Sterbende wichtig und eingerichtet. Sie hat generell und für alle Altersgruppen zum Ziel, Schmerzen physischer und psychischer Art vorzubeugen, zu reduzieren, zu minimieren, erträglich zu machen.

Vieles ist da möglich. Eben auch bei Sterbenden. Die nachwachsende Medizinergeneration wird sehr viel stärker als vordem mit der Palliativmedizin vertraut gemacht und spezialisiert sich teils. In diesem Zusammenwirken ist eine besonders intensive Hospiz- und Palliativversorgung, die SAPV, gesetzlich garantierter Anspruch für alle, die darauf angewiesen sind. Allerdings, hier muss viel Wasser in den Wein: Dieser wichtige Dienst ist keineswegs schon überall im Lande und für jede Situation gesichert, und damit dürfen wir uns nicht abfinden.

Es ist eine große Frage von Lebensqualität, ob ich im Bedarfsfall die zugesagte Hospiz- und Palliativversorgung erhalten kann oder nicht. Wenn Mitte 2019 die Vorschläge zur »Gleichwertigkeit der Lebensverhältnisse in allen Landesteilen« in Berlin auf den Tisch kommen, muss auch zu diesem Kapitel eine überzeugende Lösung enthalten sein. Es gibt da Unterschiede zwischen Land und Stadt, auch zwischen Stadtteilen, auch zwischen Krankenhäusern und Pflegeheimen und ambulanten Angeboten, die nicht hingenommen werden können und die nun eine konstruktive Antwort brauchen.

(Diese Stelle ist eine gute Gelegenheit, auf eine nicht seltene, meistens schnell verdrängte Problematik unserer Exekutive zu sprechen zu kommen. Wenn der Bundesgesetzgeber, spätestens im Einvernehmen mit dem Bundesrat, Beschlussfassung mitteilt, konzentriert sich die Debatte schnell auf andere Themen, denn dieser Beschluss wird ja nun Gesetz. Alles klar!? Aber wo es nun keine Palliativärzte und -dienste gibt, da passiert trotzdem nichts, wenn kein Druck gemacht wird. Man könnte hier auf den Gedanken kommen, der Exekutive in Berlin eine Mängelliste abzufordern über alle bisher nicht komplett umgesetzten Gesetze. Oder wäre der Bundestag als Gesetzgeber zuständig, der Exekutive seine Rückfragen zur Ausführung von Gesetzen und möglichen Lücken erkennbarer vorzulegen?)

Unsere individuelle Lebenserwartung ist inzwischen auf über 80 Jahre gestiegen. Für Frauen ist sie drei bis vier Jahre höher als für Männer. Ich meine, dass das mit der oft eingeforderten Gleichstellung der Geschlechter nicht vereinbar ist. Aber natürlich kann die Lösung der Angleichung nur bei der forcierten Steigerung der Lebenserwartung der Männer liegen. Bei etwa 60 Jahren sind heutzutage also rund drei Viertel der Lebenserwartung erreicht. Ein Viertel liegt noch vor uns, durchschnittlich. In 20 bis 30 Jahren wird aus diesem Viertel ein Drittel geworden sein, denn die allgemeine Lebenserwartung wird auf 90 Jahre gestiegen sein. Aber ob nun rund 25 oder rund 33 Prozent noch vor uns liegen, mal kurz drüber nachdenken und mit den liebsten Menschen darüber reden, das ist wohl vernünftig.

Wo möchte ich sterben? Was ist das wichtigste Kriterium: Die Örtlichkeit? Die Versorgungssicherheit und -qualität? Die dann gegebene Situation der Familie / der Partnerschaft? Finanzielle Fragen?

Wann hinterlege ich eine verbindliche Vorsorgevollmacht? Sie schadet nicht, und wenn ich will, kann ich sie jederzeit für obsolet erklären oder sie neu fassen. Sie ist eine klare Willensäußerung für eine Situation, die hoffentlich nie eintritt, in der ich nicht mehr selbst entscheiden kann und jemand anderes das für mich tun muss. Das gilt vergleichbar für die Erstellung einer Patientenverfügung mit klaren Anweisungen, immer auch nur für den Fall, dass ich nicht mehr in der Lage bin, Entscheidungen zu treffen, die wichtig sind und die vielleicht über Sterben oder Leben entscheiden können. Die Vielfalt möglicher Situationen kann man nicht komplett abbilden. Aber es ist zum Beispiel wichtig, dass die entscheidungsbefugten Personen meiner Wahl wissen, wann ich lebensverlängernde Maßnahmen will bis zur letztdenkbaren Möglichkeit. Oder wann ich sie nicht will. Da gibt es eine ziemliche Spannbreite. Eine rechtzeitige und wohlüberlegte und abgesprochene Entscheidung zur Vorsorgevollmacht scheint mir aber die zentrale Festlegung.

Die Vorausschau aufs Älterwerden und die aufs Sterben sind nicht zwingend identisch, haben aber sicher Überlappungen. Was einen nicht abhalten sollte, ohne Hektik rechtzeitig das Nötige festzulegen und im Übrigen fröhlich weiterzuleben. Sterben muss nicht bevorzugtes Thema sein.

Brille, Zahnersatz und Hörgeräte sind akzeptierte Begleiter, mindestens im Älterwerden. Wir tragen sie ohne Scheu. Und dies und jenes andere auch noch. Weshalb denn nicht auch Vorsorgevollmacht etc.? Der Tod muss uns keine Angst machen. Nach allem, was wir wissen, tut er nicht weh. Es gibt viele und sehr unterschiedliche Vorstellungen, Gedanken, Überzeugungen, Hoffnung, Mutmaßungen darüber, was nach unserem Sterben bleibt: Lassen wir das Totsein auf sich beruhen, dazu gibt es nichts Neues. Kümmern wir uns ums Leben und auch um das letzte Stück unseres Lebens, das Sterben. Sterben kann sehr schnell gehen bis sehr lange dauern. Wir erleben es nur einmal. Es kann ein gutes letztes Stück Leben sein, es kann aber auch ziemlich misslingen. Ein wenig liegt es an uns selbst. Wer mit der richtigen Dosis Liebe zum Leben in die letzte Runde geht, hat einen Vorteil.

Ein paar Sätze zum Anspruch auf ärztlich assistierten Suizid. Ich war dagegen, als dem Bundestag vor wenigen Jahren dazu Vorschläge vorlagen, und war mit seinen Entscheidungen zufrieden. Und ich bin es weiterhin.

Es war keine einfache Entscheidung für den Gesetzgeber. Ein willkürlicher, bedingungsloser Anspruch schloss sich aus. Aber konnte es einen bedingten Anspruch geben: den unumkehrbaren Eintritt in die Sterbephase? Bei psychischer Labilität? Wann beginnt die bei hohen Schmerzen? Wie sind die Depression am Abend und der Sterbewunsch zu bewerten und die Freude über den neuen Tag am nächsten Morgen?

Gerichtliche Entscheidungen zu speziellen Einzelfällen stehen an. Das Problem existiert unverändert:

Kein Gesetzestext in seiner Allgemeingültigkeit kann für den konkreten Fall definitiv Klarheit schaffen. Die Interpretation liegt dann beim Arzt/Ärzteteam? Welchen Einfluss darauf haben Betroffene und Beteiligte? Und wird es nicht bald doch Orte geben, an denen sich Ärzte versammeln, die bekanntermaßen und erklärterweise nach Wunsch interpretieren und die Beihilfe leisten?

Ich bleibe dabei, allen Engagierten ethische Korrektheit zu unterstellen und keinen Hang zum offenen Geldbeutel. Aber kann es wirklich den Abgeordneten als Gesetzgeber zugemutet/abverlangt werden und erlaubt sein, Entscheidungen über Leben und Tod unter Vorgaben zu ermöglichen, die notwendigerweise interpretierbar sind? Sind Alzheimer und Eierstockkrebs und starke Depression unumkehrbare Sterbeprozesse? Was folgt daraus?

Mit Respekt für die Ehrenwerten (es gibt auch andere) in dieser Diskussion, die Handlungsbedarf sehen: Nein, die Tür sollten wir nicht öffnen.

VIII. UNTERWEGS MIT ZUVERSICHT

Wie weiter?

Als ich vor einigen Monaten begonnen habe, mir Gedanken zu diesem Buch zu machen und Lust aufs Aufschreiben zu tanken, war mir klar: Das wird in einem konzentrierten Textteil über die Zuversicht münden. »Zuversicht in die Gestaltbarkeit der Dinge« ist ein zentraler Orientierungssatz für mich seit Jahrzehnten. Und ich habe nicht vor, ihn aufzugeben.

Allerdings ist es 2018/19 nicht einfacher geworden, die Überschrift mit Inhalt zu füllen. Denn was heißt Zuversicht?

- Zuversicht heißt Optimismus.
- Nein. Und optimistisch bin ich nicht, war ich nie.
- Was ist dann Zuversicht?
- Gewissheit, dass es eine Chance gibt zum Gestalten und auch die Menschen, die die Chance nutzen.
- Chance für oder auf was?
- Für Menschenrechte. Auf Demokratie. Auf Freiheit, Gerechtigkeit und Solidarität. Für Europa.
- Alles Überbau allgemein.
- Im Gegenteil: Sockel, auf dem aufgesetzt und gebaut werden kann, konkret.
- Das ist alles?
- Das ist das Zentrale, die Grundlage. Hier ergeben sich die Maßstäbe fürs Konkrete und fürs Detail.
- Und wieso ist diese Sicht nicht optimistisch?

- Optimismus setzt auf Schicksal und Naturnotwendigkeit, auf Abwarten und Glückhaben, auf Dusel.
- Und worauf kommt es wirklich an?
- Aufs Handeln der Menschen.
- Wann handeln?
- Wenn es nötig und möglich ist.
- Wann ist das?
- Rechtzeitig.
- Wann ist rechtzeitig?
- Wenn es noch nicht zu spät ist.
- Wann ist es zu spät?
- Wenn die Situation zu 100 Prozent klar ist.
- Also handeln, bevor alles analysiert ist?
- In aller Regel ja.
- Weshalb?
- Wenn alles klar ist, ist die Situation vorbei und eine veränderte Situation entsteht und neuer, anderer Handlungsbedarf.
- Die Situation ist nie zu Ende, sondern immer im Wandel?
- So kann man es auch sagen.
- Also den Wandel permanent analysieren und ihn permanent gestalten?
- Ja, unvermeidlich.
- Das führt zu Mängeln bei der Analyse und zu Unsicherheiten beim Handeln.
- Immer wieder möglich, ja.
- Das ist ein mutwilliges Risiko.
- Das wäre es, wenn man sich nicht um Klarheit in der Analyse bemühte und keinen Mut zum konstruktiven Handeln hätte.
- Also doch Analyse?
- Immer, Nicht nur im Nachhinein.
- Und wenn man nicht handelt?
- Das geht nicht. Nichthandeln ist auch eine Entscheidung und hat auch Wirkung.

- Nichthandeln lässt geschehen, Handeln gestaltet?
- Nichthandeln kann auch gestaltend wirken. Und Handeln kann schiefgehen.
- Die Mitverantwortung wird man so oder so nicht los.
- Das stimmt. Die Mitverantwortung ist jedem und jeder von uns sicher.
- Sprechen wir hier eigentlich über Politik?
- Übers Leben. Politik ist ein Teil davon.
- Ein Beispiel bitte.
- Zwölf Beispiele.
- Also gut, zwölf.

1. FRISCHLUFT FÜR DIE DEMOKRATIE

Zitat aus dem Koalitionsvertrag CDU/CSU – SPD 2018, Zeilen 8253/4:

»Die Fraktionen werden zweimal im Jahr zu internationalen und nationalen gesellschaftlichen Themen im Plenum Orientierungsdebatten führen.«

Das riecht nach Frischluft für die Demokratie. Niemand wird behaupten wollen, das sei nicht nötig oder gar inzwischen befriedigend gelungen. Die große politische Debatte in Deutschland findet zu selten im Parlament statt. Dorthin gehört sie aber.

Der Bundestag ist Gesetzgeber und auch Auftraggeber für die Bundesregierung und ihr Kontrolleur. Aber er ist eben auch berufen, das große politische Gespräch über die wichtigen Fragen dieser Zeit zu führen mit dem Ziel, mit den Bürgerinnen und Bürgern dieses Landes über unsere Zukunftsfähigkeit zu sprechen und über deren Bedingungen.

Das Parlament ist am Zuge.

Die Parteien auch, aber da wird ihnen was abverlangt, was sie nicht alleine einlösen können. Das Grundgesetz markiert die Aufgabe der politischen Parteien recht kurz und beschreibt ihr Arbeitsfeld lakonisch knapp: Artikel 21.1: »Die Parteien wirken bei der politischen Willensbildung des Volkes mit.« Das bleibt richtig, aber die Bedingungen dafür haben sich wesentlich geändert. Die Parteien entstanden als Volksbildungs- und Arbeiterbildungsvereine. Vor rund 150 Jahren, als die Interessen sich in politischen Parteien zu bündeln begannen, war in Deutschland nur etwa die Hälfte der Menschen des Schreibens und Lesens kundig. Und vor 70 Jahren, als das Grundgesetz entstand, gab es wenige Zeitungen, sehr begrenzt Radio, kein Fernsehen, keine sozialen Medien, weder Handy noch Twitter. Der Ortsverein und die Parteizeitung und gelegentliche Flugblätter und die Reden politischer Agitatoren (was für Lehrer/in stand und kein Schimpfwort war) und Stammtische allgemein waren die Orte politischer Information und Diskussion. Gewerkschaften und Kirchen hatten ihre eigenen Informations- und Diskussionskanäle. Bei dieser Meinungsbildungsspirale über Parteigliederungen hinweg (ja, man kann es auch Hierarchie der Kompromissbildung nennen) ging es darum, politische Urteilsfähigkeit zu lehren und zu lernen und zu praktizieren. Denn Fakten und Zusammenhänge waren nur begrenzt überschaubar, Informationen insgesamt mager. Es dauerte, sich eine belastbare Meinung bilden zu können.

Inzwischen ist über die Jahrzehnte das gegenteilige Problem entstanden. Wie kann ich verhindern, von der Informations- und Meinungsbildungsflut überrollt und desorientiert zu werden und nicht erkennen zu können, was wahr ist und was vordringlich wichtig ist? Was muss ich lesen, sehen, hören, um etwas zu wissen und eine qualifizierte Meinung haben zu können und im politischen Handeln erfolgreich zu sein? Und was alles darf ich ignorieren?

Das Radio war ein Fortschritt, ist es immer noch, ein Morgen ohne gutes Radio ist von Anfang an neblig. Das Fernsehen spielt eine ähnliche Rolle.

Die Presselandschaft ist qualifiziert und breit präsent. Es ist wahr: Wer will, kann in Deutschland – überwiegend preiswert – das Neue und das Interessante, das Wahre und das Wichtige erfahren. Man kann aber auch orientierungslos eingelullt werden von bunter Gegenwärtigkeit und meinen, alles Schlagzeilenträchtige zu wissen, befähige zu einem eigenen Urteil als Bürgerin und Bürger einer Demokratie. Von gezielter Manipulation, Lüge und Niedertracht in der Medienlandschaft – die immer mal aufflackern – will ich dabei noch nicht einmal sprechen.

Es ist wahr: Gelogen wurde schon immer – aufschneiderisch, böswillig, feige, machtlüstern. Aber aus dem Rinnsal von guter Information, das man suchte im überschaubaren Angebot, ist ein wahrer Info-Tsunami geworden, der alles überspült, für Vergangenes wenig Blick lässt, auch wenig für die Zukunft, sondern spektakelhaft auf die Gegenwart fixiert ist. Zeit, das Wesentliche zu erfahren, es zu bedenken und auf Haltbarkeit abzuklopfen und sich im Gespräch mit anderen eine Meinung zu bilden, bleibt dabei immer weniger. Die Glaubhaftigkeit der Quellen wird immer wichtiger, aber nicht überall eindeutiger.

Wie können die Parteien es heutzutage schaffen, bei der politischen Willensbildung des Volkes verantwortlich, aufklärerisch mitzuwirken? Sie sind nicht Gesetzgeber und nicht Regierung, klar, sie sind aber die Brücke zwischen der parlamentarisch-repräsentativen Demokratie in ihren Institutionen und der Zivilgesellschaft. Das ist es. Das ist viel. Aber das ist es.

Die Botschaft der Parteien an die Zivilgesellschaft, selbst an ihre Parteimitglieder, hat nur begrenzt Autorität. Denn die Empfänger der Botschaft kennen längst wahre und verlogene Fakten und Hinweise und Meinungen dazu, haben sich eine eigene Meinung (oder eine Gruppen-Meinung) spontan gebildet und oft auch schon verbreitet und mögen sich nicht gerne revidieren. Die Wochen- und Wochenendseminare in Masse, in denen wir damals um Positionen stritten und Kompromisse suchten, Meinungen bündelten, sind Legende und Vergangenheit, aus der Zeit gefallen. Ein Zurück dahin gibt es nicht. Es ist schwerer geworden für Parteien, sich ehrlich um tragfähige Kompromisse im Rahmen einer qualifizierten Willensbildung zu bemühen, die nicht mit einer minimalen Verfallsfrist relativiert werden. Das bedeutet begrenzte Handlungsfähigkeit. Das kann man gut finden. Das kann man schlecht finden. Es ist nicht Schuld der Parteien. Es ist so in dieser Zeit. Die Parteien-Demokratie verändert sich.

Noch mal: Das Parlament ist am Zuge.

Es hat die Chance, die zentralen Themen auf seine Tagesordnung zu setzen und eine qualifizierte, offene und öffentliche grundlegende Debatte dazu zu führen. Auch lange vor der Gesetzgebung, unter Einbeziehung von Expertengruppen, auch von interessierten Bürgerinnen und Bürgern. Das Bürgergespräch beim Parlament. Auch mit öffentlichen Übertragungen und Berichterstattungen aller Medienarten. Mit sicher auch kontroversen Debatten.

Alles mit der Perspektive, das Thema einer Gesetzgebung zuzuführen, wenn es sich als sinnvoll ergibt. Auch Oppositionsfraktionen müssen Vorschlagsrecht für Themensetzungen haben. Orientierungsdebatte ist kein schlechter Begriff für diesen Weg. Und natürlich können Abgeordnete mit ihren Parteien und zivilgesellschaftlichen Gruppen in ihren Wahlkreisen solche Debatten verbreitern und deren lokale Relevanz prüfen.

Das Zentrum der gesellschaftspolitischen Debatte sein zu wollen, wird dem Parlament mehr Aufmerksamkeit und Bedeutung verschaffen. Das Parlament ergänzt damit seine Rolle, vor

allem Regierungsfraktion oder Oppositionsfraktion zu sein.
Es definiert sich nicht nur im Verhältnis zur Regierung. Es ist
dann Initiator, auch die Stätte der großen Willensbildung. Es
setzt Themen, ist »im Gespräch« mit den interessierten Bürgerinnen und Bürgern und zieht als Gesetzgeber politische Konsequenzen aus diesen Debatten.

Das kann begleitet sein von guten Beispielen transparenter Politik: Regelmäßige Rechenschaftspflicht der Regierungsspitze,
Anhörungs-, Petitions- oder offene Bürgergespräche von Mitgliedern des Parlaments. Einiges davon findet sich ja auch in
den Koalitionsvereinbarungen. Die Einsicht in die Notwendigkeit scheint vorhanden zu sein. Sie muss Realität werden,
dichte Praxis.

Nichts spricht dafür, dass die Herausforderungen für unsere
Demokratie in dieser sich verändernden Informations- und
Kommunikationsgesellschaft in zwei, sechs oder zehn Jahren
leichter zu bewältigen sein werden. Die moderne Demokratie
steckt mitten in einem Wandel, den wir gestalten müssen und
nicht ignorieren dürfen oder zurückdrehen können. Es wird
nicht wieder, wie es war. Es liegt an uns allen, der Demokratie
neue Lebendigkeit und Attraktivität zu verschaffen – Frischluft
für die Demokratie.

Themenvorschläge für Orientierungsdebatten bieten sich
reichlich an:

• Berufsorientierung und -bildung und -chancen.
• Chancen und Bedingungen des europäischen Arbeitsmark-
tes.
• Mehr lokale Allianzen für Menschen mit Demenz.

Liebe Leserin, lieber Leser! Worüber möchten Sie mit dem Bundestag diskutieren im Sinne nachhaltiger, zukunftssichernder Politik?

....

....

....

Themenfindung kann nicht wirklich ein Hindernis sein. Fangen wir einfach an!

2. NACHHALTIGKEIT

Zum ersten Mal in der Geschichte unserer Erde, nach vielen Milliarden Jahren also, und in der Geschichte der Menschen, die sehr, sehr viel kürzer ist, sind wir Menschen nicht mehr nur natürliche biologische Objekte auf Erden und Teil ihrer. Wir sind Subjekte geworden, die die Entwicklung der gesamten Erde wesentlich beeinflussen können. Sie auch in beachtlichem Maße gestalten können. Leider auch verunstalten. Und sie massiv gefährden.

Von Paul Crutzen stammt das Wort aus dem Jahr 2000: »Wir sind nicht mehr im Holozän. Wir sind im Anthropozän.« Gemeint ist das »Zeitalter der Menschen«. Denn mit unserem Tun und Lassen beeinflussen wir die Entwicklung der Erde wesentlich, mit gravierenden Folgen. Dieser Wandel hat sich, stark beschleunigt, in den jüngsten zwei bis drei Jahrhunderten vollzogen. Lakonisch: Wir Erdenkinder setzen der Mutter Erde auf fatale Art und Weise zu, indem wir mit unseren kurzfristigen Interessen die dauerhaften der Erde grob konterkarieren. Wir haben unsere diesbezüglichen Fähigkeiten in dieser relativ kurzen Zeit sprunghaft gesteigert und gefährden die Existenzgrundlagen der Erde. Mit hohen Risiken. Natürlich auch für uns Menschen.

Wir Menschen sind uns dessen bewusst, mehr oder weniger. Einige leugnen weiterhin. Andere reden von bedauerlichen, aber unvermeidbaren Kollateralschäden. Viele sind erschrocken. Nicht wenige verzweifelt. Angst baut sich auf angesichts der Dimension der Herausforderungen und der bisherigen Unfähigkeit der Menschen, sich auf einen gemeinsamen Kurs nachhaltiger Stabilisierung zu einigen. Und gemeinsam auch so zu handeln. Sorgenfalten sind erlaubt, ein gewisses Maß an Furcht auch. Angst nicht, denn sie führt in die Irrealität. Und wir und zahlreiche andere sind ja auch entschlossen, zu handeln und die Katastrophen abzuwenden. Möglich ist das. Lasst uns da mitmachen.

Wir stehen ja nicht ratlos bei null. Im Gegenteil. Der Wille ist vor aller Welt offen bezeugt. Wir Menschen fassten auf der Ebene der Vereinten Nationen erstrangige Beschlüsse und versprachen so, der Erde zukünftig deutlich weniger Belastungen zuzumuten, und garantieren ihr eine verlässlich wirksame Reha. Beifall für diesen beachtlichen Schwur. Die Agenda 2030, in Kraft seit 2016, ist eine Art Weltzukunftsvertrag. Die Millenniums-Entwicklungsziele richteten sich besonders auf die Entwicklungsländer. Aber es wurde immer klarer, dass das nicht reichte, und entsprechend verbreitete sich die internationale, weltweite Anstrengung auf alle Länder: Alle Länder, reiche und arme, müssen gemeinsam an einem Strang und in eine Richtung ziehen, wenn Nachhaltigkeit garantiert sein soll, also die ökologische und damit auch die ökonomische und soziale und politische Katastrophe verhindert werden soll. Und sie muss verhindert werden. Und 2030 wollen die Länder dieser Erde ein gutes Stück weiter sein mit ihrem Ziel. Bei uns ist das die Zeit von knapp drei Wahlperioden Bundestag. Drei parzellierte Koalitionsverträge sind nicht die Lösung. Wir brauchen einen Wurf. Die Zeit ist knapp.

Die UN-Agenda 2030 ernst zu nehmen, bedeutet das Aus für all die Verzögerungen und Ablenkungen, die einem zielgerichteten, entschlossenen Handeln im Wege stehen: dass vor allem »die anderen« Beiträge leisten müssen. Dass, wenn die Meeresspiegel steigen und die Wüsten wachsen, die Menschen in diesen Ländern zusammenrücken müssen, es bleibt ja noch viel Land. Dass es für unsere Lebenszeiten und die unserer Enkelkinder und, ja, auch die der Großenkelkinder reichen muss mit Lebensqualität für alle Menschen. Dass aber bei bestem Willen niemand wissen kann, wohin die Dinge sich in Ewigkeit entwickeln. Ausreden, wie wir wissen.

Und es gibt doch auch die frohen Botschaften in Sachen Ernährung, medizinische Versorgung, Bildung, Mobilität. Bis hin zur Digitalisierung und den positiven Aspekten der Hoch-KI. Alles Perspektiven, die Mut machen dürften für die Zukunftsfähigkeit unserer Erde als gute Heimstatt für uns Menschen, auch (!) für uns Menschen.

Es geschieht Gutes. Ja. Geschieht alles, was schon möglich ist? Nein. Was nötig ist? Bei Weitem nicht.

Die 17 Ziele der Agenda für nachhaltige Entwicklung richten sich auf Bekämpfung von Hunger und Armut und Ungerechtigkeit und Krieg und Unruhen und Übersäuerung der Ozeane und Zerrüttung der Erdatmosphäre, auf Plastikverpackungen bis Diskriminierung. Sie richten sich auf Förderung von Geschlechtergleichheit, Bildungschancen, Trinkwassersicherung, medizinische Versorgung, klimafreundliche Energieversorgung, menschwürdige Arbeit, »grüne« Städte, Erhalt des Amazonas-Regenwalds, Zusammenarbeit aller Länder. Das ist in rund 170 Unterzielen weiter spezifiziert. Aber schon beim Aufzählen der Hauptziele wird ja deutlich: Alle Bereiche des Lebens sind betroffen und alle Teile der Erde und alle Menschen. Wir sehen Chancen und Risiken sich gegenüberstehen, beide riesengroß. Und es stimmt: Wir wissen nicht genau, wohin die Dinge sich entwickeln. Aber wir wissen doch mehr, als sich bisher in unserem Handeln niederschlägt. Es gibt keine Ausreden mehr. Nicht vor uns. Schon gar nicht vor den Nachgeborenen. Die Lageskizze endet mit simplen Feststellungen:

1. Wir haben als Menschen nicht die Macht, den gegebenen Status unseres Planeten Erde dauerhaft unverändert zu erhalten. Die Dinge, alle, sind im Fluss. Aber wir haben die Fähigkeit, Schäden zu reduzieren bis zu verhindern. Und so Zukunftsfähigkeit unter menschlichen Bedingungen deutlich wahrscheinlicher zu machen.

2. »Wir müssen unseren Garten bestellen«, stellt Voltaires Candide fest. Also: im Alltag konkret unsere Arbeit tun. Der Respekt vor dem großen Ganzen macht das Handeln vor Ort im Minidetail nicht unwichtig. Es kommt auf jeden einzelnen Menschen an. Die Menschheit als Ganzes darf nie die Ausrede sein für die Missachtung, Geringschätzung oder Herabsetzung des einzelnen Menschen vor Ort.

3. Für das große Ganze ist jede Einzelne/jeder Einzelne mitverantwortlich. Auch weil wir Teil des Ganzen sind und Mitverantwortung hier auch Selbstbestimmung bedeutet. Auch das Gefühl teilweiser oder großer Ohnmacht ist keine Entschuldigung für Passivität.

4. Aber jeder einzelne Mensch wird – auch wegen seiner kurzen individuellen Lebenszeit – wenig Einfluss nehmen können auf die Entwicklung der Erde. Die Erde ist ein Gesamtsystem, das sich nicht an Staatsgrenzen oder Bruttosozialprodukt oder Stadtgrenzen oder gar am Radius der kurzen Existenz des einzelnen Menschen orientiert.

Aus diesen vier Punkten folgt:
Wer seinem persönlichen Teil von Mitverantwortung gerecht werden will, der muss mithelfen, ein abgestimmtes, zielgerichtetes Handeln vieler Menschen, am besten aller, möglich zu machen und durchzusetzen. Familienverbünde oder Stadt-

gesellschaften können sich Handlungsfelder erarbeiten und Teilerfolge erringen – und das lohnt sich. Es kann sogar auch quantitativ ein markanter Beitrag zum großen Ganzen sein. Die Felder Nahrung und Mobilität und Energie bieten sich an.

Von entscheidender Bedeutung werden die nationalen Ebenen sein. Der Missbrauch der Nation für Nationalismus, der ohnehin gerade wieder wächst, ist der Versuch und immer die Gefahr, den Einzelnen zu ignorieren und die Interessen der anderen und der Nachkommenden zu missachten. Nationalismus ist Egoismus, auch in Sachen Nachhaltigkeit. Wir müssen, auch im eigenen Interesse, erkennen, dass Nachhaltigkeit nur im Weltmaßstab wirklich möglich ist.

An diesem Punkt muss unsere Demokratie sich modernisieren. Sie ist in ihrer Konstruktion dem Nationalstaat auf den Leib geschneidert. Aber das reicht nicht mehr. Die Zeit der Stadtmauern, der Wälle und der kolonialen Weltreiche ist vorbei.

An diesem Punkt – darum geht es in diesem kurzen Kapitel – muss unsere Demokratie sich besser als bisher auf die große Aufgabe der Entwicklung ausrichten. Sie muss die weltweite Nachhaltigkeit in ihrer Komplexität, in ihren Herausforderungen und in ihren Perspektiven thematisieren. Sie muss ihr eigenes Handeln auf diesen Feldern offen darstellen und debattieren, muss für eine solche Welt der guten und gerechten Lebensbedingungen werben, für die Ziele der UN-Agenda 2030 offen und nachdrücklich eintreten. Es reicht nicht, in Koalitionsverträgen und Parteiprogrammen sich zur deutschen Mitverantwortung zu bekennen.

Der Rat für Nachhaltige Entwicklung, der von Bundeskanzler Gerhard Schröder vor rund zwanzig Jahren eingerichtet wurde, war ein richtiger Schritt, die Vorsitzenden Volker Hauff und Professor Klaus Töpfer waren interessante Ideengeber. Der Unterausschuss zum Thema im Deutschen Bundestag (2004) war eine nützliche Ergänzung. Die Arbeit bleibt wichtig. Ein Durchbruch in die politische Debatte im Lande gelang nicht. Aber die EU ist aktiv und arbeitet kontinuierlich am Thema und misst die Entwicklungen an ihren Nachhaltigkeitszielen, die in vielen Aspekten in Übereinstimmung sind mit der Agenda 2030 der Vereinten Nationen. Immer wieder – alle paar Jahre allerdings nur – gibt es große Konferenzen, die wesentliche Aspekte der Agenda 2030 ins Blickfeld rücken und die versuchen, gemeinsame internationale Anstrengungen zu bündeln. Diese kontinuierlichen Arbeiten am großen Thema sind der Expertenschaft geläufig, in der politischen Debatte in Parlament und Medien sind sie eher selten und meist nur punktuell erkennbar. Jedenfalls wird die Weltnachhaltigkeit mit unseren alltäglichen und nationalen Themen selten verbunden. Das ist kein Zufall. Es fehlen wirksame Mechanismen dafür und klare Personalisierungen. Das Thema muss aber konkreter und permanenter Aspekt auch nationaler Politik sein.

Dass das Hemd uns Menschen näher ist als der Rock, das ist die alte Volksweisheit und stimmig. Wahlforscher und Kampagnen-Büros werden wohl nicht empfehlen, die UN-Agenda 2030 zu einem zentralen Thema von Bundestagswahlkämpfen zu machen. Verstehen lässt sich das. Aber dagegen steht die Wahrheit, dass die Aufklärung die wichtigste Verbündete stabiler Demokratie ist. Wer die politische Gedankenwelt an dieser Stelle labil lässt, darf sich nicht wundern, wenn sie sich als weniger fundiert und realistisch erweist, als man immer still hoffte.

Demokratie ist zu komplex und zu anstrengend, als dass sie sich leise, quasi unbemerkt installieren, stabilisieren und dynamisieren ließe. Die Wahrheit bleibt ihr nicht erspart.

Und den Demokratinnen und Demokraten, den Gewählten, denen in besonderer Verantwortung und allen anderen im Lande bleibt es nicht erspart, für diese zu reden und zu streiten und zu werben. Die da jetzt in gefährlich großer Zahl im nationalistischen Lager auftauchen, sind keine Dissidenten, wie wir enttäuscht oder entrüstet sagen, sie haben diesen Aspekt des demokratischen Versprechens nie wirklich ernst genommen. Und wir haben die unausgesprochene Unklarheit geduldet. Ahnungslos, kalkuliert oder weil wir uns Streit in Wahlkämpfen ersparen wollten? Manche resignieren und stellen fest, dass Begrenztheit der Einsicht und Egoismus der Menschen sie nie zu wirklichen Internationalisten werden lässt. Das Thema wird an die Intelligenz, die Psychologie oder Soziologie verwiesen. Das lenkt ab. Es gibt Gegenbeweise. Wir haben als deutsche Demokratinnen und Demokraten gelernt, dass wir Europäer sind. Unsere Einsicht und unsere menschliche Fähigkeit, Realitäten zu erkennen und so Europäisch-Sein und Deutsch-Sein als unvermeidlich und erfreulicherweise verknüpft zu erkennen, macht Mut. Perfekt stabil ist auch dieses Feld noch nicht, aber doch anspornend für das Thema UN-Agenda 2030.

3. DIE GEMEINSCHAFTSAUFGABE

Demografie, Wanderung und Integration werden längere Zeit das Leben der Menschen und die Aufgabe der Politik in Deutschland (und Europa) erheblich beeinflussen und herausfordern. Das gilt für den Bund und die Länder im Allgemeinen und für die Kommunen im Besonderen.

Die Altersstrukturen haben sich in Deutschland über Jahrzehnte hinweg deutlich verändert, ausgelöst durch niedrige Geburtenzahlen ab Mitte der 1960er-Jahre und steigende individuelle Lebenserwartung seit über 100 Jahren – und besonders in den letzten Jahrzehnten. Zwischendurch hatten Kriege und Elend die Entwicklung abgeflacht.

Jährlich sterben hierzulande rund 200.000 Menschen mehr als Kinder geboren werden, Tendenz steigend. Hinzu kommen Abwanderungen, über die nicht viel gesprochen wird. Es sind aber jährlich Hunderttausende. Und zwar Menschen mit einem Grad an Bildung und beruflicher Qualifizierung, der höher ist als umgekehrt bei Zuwanderern allgemein. Diese Auswanderung ist für unser Land teuer, aber auch eine Investition unseres Landes zugunsten der weniger entwickelten Zielländer dieser Auswanderer.

Der Saldo von Zu- und Abwanderung war einige Jahre lang ziemlich ausgeglichen und hat sich erst in den jüngsten Jahren hin zu einem Überhang bei den Zuwanderern entwickelt. Die geballte große Zuwanderung Mitte 2015 ist – wenn sie in dieser Größenordnung einmalig bleibt – ohne tiefgreifende Bedeutung für die Einwohnerzahlen unseres Landes. Wirkungsmächtiger sind die Binnenwanderungen, die innerhalb Deutschlands jährlich in erheblichem Umfang erfolgen. Man liest selten etwas über die sechsstelligen hohen Zahlen von Umzügen von einer Kommune in die andere, von einem Stadtteil in einen anderen. Klar ist aber – und auch optisch erkennbar –, dass manche Regionen und Wohnbezirke daran profitieren (einige sehr), andere verlieren (einige sehr). Im Artikel 11 unseres Grundgesetzes ist allen Deutschen Freizügigkeit im ganzen Bundesgebiet garantiert. Und selbstverständlich muss das gelten. Viele nutzen es auch und erwarten am Zielort verfügbare, bezahlbare Wohnungen (was allerdings im Grundgesetz nicht garantiert ist). Sie erwarten auch gute Infrastruktur, und nicht wenige lassen bezahlbaren Wohnraum und nur begrenzt ausreichende Infrastruktur zurück.

Die Bundespolitik muss sich dazu Fragen gefallen lassen, aber nicht nur die Bundespolitik. Die Bundesländer haben im Zuge der Föderalismusreform die Zuständigkeit für Sozialen Wohnungsbau als Alleinstellungsmerkmal für sich gefordert und bekommen. Sie hatten bis 2018 noch Anspruch auf Bundesmittel, haben aber in der Sache insgesamt nur ein begrenztes Engagement gezeigt. Man kann nicht erwarten, dass die preiswerten Wohnungen schon auf Verdacht gebaut sind, wenn Menschen umziehen wollen. Vor allem muss aber verhindert werden, dass die Finanzschwächeren Opfer werden von massiver Spekulation im Bau- und Wohnungswesen. Bezahlbares Wohnen ist Teil sozialer Gerechtigkeit. Und die gezielte Aktivierung leerstehenden, verfügbaren Wohnraums ist nicht die einzig umfassende Lösung, aber doch auch keine Petitesse bei der Lösung der Wohnungsprobleme insgesamt.

Die zunehmende Debatte über Wohnungsknappheit und Wohnkostenexplosionen mancherorts und die Leerstände und zerfasernden Infrastrukturen anderswo führen immerhin zu Anstrengungen mancherlei Art. Eines wird öffentlich kaum thematisiert: dass die Bodenwerte teils explodieren, teils implodieren. Da sind wesentliche Verschiebungen im Gange, die Konsequenzen für Betroffene sind massiv: Die Spekulation tobt sich aus. Und: Eigentum an Grund und Boden und Gebäuden mit Spitzenwerten bedeutet Gestaltungsmacht. Haben unsere Kommunen das Recht und die Kraft, Gestalter ihrer selbst zu sein und zu bleiben? Ein großes Thema, brennend aktuell, überwiegend beschwiegen.

Die schon erwähnte Steigerung der individuellen Lebenserwartung wird in den kommenden etwa drei Jahrzehnten besonders folgenreich sein. Aus den etwa 5 Millionen über 80-Jährigen werden etwa 10 Millionen werden, viele rüstig und selbstständig lebend. Aber dabei doch mehr als heute Pflege und besondere Zuwendung brauchend! Rund ein Drittel der Menschen in unserem Land wird über 65 Jahre alt sein, viele davon noch aktiv am Leben beteiligt.

Das bedeutet eine tiefgreifende Veränderung in der Bevölkerungsstruktur. Denn die Familien sind kleiner als zuvor, immer mehr Familien leben im Status Alleinerziehende. Jüngere ziehen wegen der Bildung oder der Arbeit um. Immer mehr Kommunen haben eine große Zahl von 1-Personen-Haushalten. Nicht wenige davon Seniorinnen und Senioren mit begrenzten sozialen Kontakten, die sie im Bedarfsfall – im Alltag – nutzen können. Sie sind allein, das lässt sich aushalten. Aber viele sind auch einsam, und das macht krank, ja, Einsamkeit ist eine Krankheit.

In den vergangenen Jahren sind zahlreiche Menschen als Flüchtlinge gekommen, nach Deutschland, nach Europa. Die Entwicklung für die kommenden Jahre ist unklar, denn viele Fluchtursachen bestehen noch. Menschen, die auf Asyl angewiesen sind, haben Anspruch darauf, wie in unserem Grundgesetz garantiert. Andere haben Anspruch auf Duldung, wenn zumindest zeitweise eine Zurückweisung in ihr Heimatland nicht verantwortbar ist. Angesichts der Dimension der Aufgabe ist die zusätzliche Aufnahme von Zuwanderern ohne Asyl- und Duldungsgrund bis auf Weiteres nicht möglich. Gleichwohl bemüht sich unser Land um Zuwanderung qualifizierter Fachkräfte, die in unserem Land dringend gebraucht werden. Das gilt auch für Zuwanderer in Sozialberufen. Auch wenn nicht alle Asylberechtigten und Geduldeten dauerhaft hierbleiben werden, ist deren Integration eine große Chance, praktiziertes Menschenrecht, aber auch zum Vorteil aller. Es ist allerdings auch eine große gesellschaftliche und organisatorische und auch finanzielle Herausforderung.

Demografische, Wanderungs- und Integrations-Aufgaben sind als Chance, aber auch als Herausforderung akut. Und bleiben dies. Und keine dieser Aufgaben wird für sich allein zu lösen sein. Die beschriebenen Politikbereiche sind in ihren Wirkungen deutlich aufeinander bezogen und nur in einer Gesamtschau und mit gezielter Herangehensweise lösbar.

Vieles spricht für eine »Gemeinschaftsaufgabe Demografie – Wanderung – Integration Deutschland«, die auf zwei bis drei Jahrzehnte angelegt ist. Das kann geschehen in Anlehnung an die grundgesetzlichen Bestimmungen zum Instrument Gemeinschaftsaufgabe oder in spezieller Ergänzung des Grundgesetzes für diese außergewöhnliche Situation. Das Mindeste ist eine Stärkung der regionalen und kommunalen Handlungsmöglichkeiten.

Eine solche Gemeinschaftsaufgabe lässt Platz für situative Gestaltung, aber sie klärt die Hauptrichtung und garantiert

Nachhaltigkeit. Auch unabhängig vom weiteren Fortgang in anderen Ländern Europas gilt: Unser Land muss – schon aus eigenem Interesse und für die nächsten Generationen – das tun, was jetzt in der Verknüpfung von Demografie, Wanderung und Integration möglich ist. Das würde im eigenen Land ein Mut machendes Zeichen für einen vernünftigen Umgang mit der Situation sein. Und wir entsprächen damit unserer Mitverantwortung in und für Europa.

Die Menschen, die betroffen sind – und das sind viele –, und die Kommunen, die jene Ballungen und Schrumpfungen, Zuwanderungen und Abwanderungen gestalten müssen, können mit einer nachhaltigen Politik, die mit dem Instrument der Gemeinschaftsaufgabe deutliche Ziele, klare Zuständigkeiten und klare Finanzrahmen setzt, Sicherheit und Perspektive gewinnen. Unsere Demokratie auch.

Es ist eine Binsenweisheit, aber wichtig und bisher nur bedingt beachtet oder gar gelungen: Demografie, Wanderung und Integration brauchen dauerhaft verlässliche Gestaltungswege. Sie sind keine punktuellen Ereignisse, sondern Entwicklungen. Sie brauchen nicht nur situatives Engagement, sondern Gestaltung über Jahre bis Jahrzehnte. Das schließt über die Zeit Nachjustierungen nicht aus.

4. GENERATIONENGERECHTIGKEIT

Sie hört sich gut an und ist auch gut. Aber über was reden wir da eigentlich genau und wie ist sie erreichbar?

In meiner Kindheit und Jugend hörte ich oft Menschen sagen, die Eltern sowieso: »Wir haben den Krieg erleben müssen, die Nazis und die Not. Unsere Kinder sollen es besser haben.« Das hörte sich aufmunternd an, hoffnungsvoll, aber um Generationengerechtigkeit ging es wohl nicht.

Uns damals Jungen ging es jedenfalls wirklich besser. Frieden und Demokratie, Marshall-Plan, DM und Wohlstand. Ja, meine Generation (um 1940 geboren) hat – vom schlimmen Anfang abgesehen – ein insgesamt gutes Leben leben können. Wie wir Menschen so sind, man kann es sich immer noch besser vorstellen. Aber, wir wissen es, so eine lange Zeit in Frieden und Wohlstand, die gab es an dieser Stelle in Europa sehr lange nicht mehr, wenn überhaupt. Danke an die, die daran mitgearbeitet haben.

Die Idee vom wachsenden Wohlstand für alle hat sich in der Zwischenzeit deutlich abgeflacht, und die Eltern von heute sprechen von der Hoffnung, dass es ihren Kindern nicht schlechter gehen möge als ihnen. Das sagen die Großeltern auch im Blick auf ihre Enkelkinder. Da ist keine Missgunst im Spiel, aber Realismus und Pragmatismus angesichts des Wandels der Dinge in dieser Zeit. Die Welt im Ganzen und auch wir in Europa und in Deutschland sind offensichtlich auf einer schwierigen Wegstrecke, die jedenfalls von Euphorie abhält. Wir wollen uns anstrengen, aber wir sehen und erleben eine Menge von Entwicklungen, Risiken und auch Chancen, die herausfordern. Mutlos sind wir keineswegs, aber auch nicht siegesgewiss. Der Glaube an den unaufhaltsamen Fortschritt im Lande und in der Welt vergeht. Die Skepsis in Bezug auf die Strategie der unaufhaltsamen Wachstumsmehrung wächst, die Zweifel an der Sinnhaftigkeit des Turbo-Kapitalismus auch.

Eigentlich erleben wir in Deutschland ein relativ entspanntes Miteinander der Generationen. Wenn wir als BAGSO (Bundesarbeitsgemeinschaft der Seniorenorganisationen e. V.) mit dem Deutschen Bundesjugendring sprechen, setzen sie und wir Akzente. Das ist ein gutes Miteinander, fair, gründend auf Grundgesetz und Demokratie. Da sind vernünftige Menschen unterwegs, junge und ältere. Das hört sich dann so an:

»Demokratie ist kein Schaukelstuhl. Jede und jeder von uns ist gefordert. Das ehrenamtliche Engagement ist eine tragende Säule unserer Demokratie. (Und:) Wir stellen alle Altersgrenzen infrage, denn die Anzahl der Lebensjahre sagt sehr wenig über Fähigkeiten und Fertigkeiten aus.

Wir setzen uns für die Gleichstellung der Geschlechter ein. (...) Die Vermeidung von Armut ist eine vordringliche Aufgabe. Gleiche Bildungschancen sehen wir dabei als essenziell an. Eine vom Wandel geprägte Welt erfordert lebenslanges Lernen. Respekt und Anerkennung (...) sind Grundlage für ein friedliches Miteinander.«

Ab und an hört man in der Öffentlichkeit andere Töne: Ein Junger ermahnt die »alten Säcke« zur Solidarität. Naja. Ein Alter kündigt an, dass die Alten bald gehasst werden. Naja.

Ich bin sicher: Die Bereitschaft, für eine gute Zukunft, für die kommenden Generationen, zu arbeiten und Verantwortung zu übernehmen, ist ungebrochen. Und es gibt vernünftige Alte, es gibt vernünftige Junge und es gibt Vernünftige dazwischen. Und diese Vernünftigen überall, die müssen sich unterhaken und dafür sorgen, dass nicht Bekloppte das Sagen bekommen in unserer Demokratie. Richtig ist: Das gewünschte Niveau an Lebensqualität für alle und Wohlstand und Berufschancen ergeben sich nicht von alleine. Das Niveau muss den Ansprüchen der neuen Zeit genügen. Es muss gewollt werden und es muss erarbeitet werden. Nichts Gutes kommt von alleine. Und dieser wirklich ernsthafte Teil des Themas wäre wohl geeignet für eine der Orientierungsdebatten im Deutschen Bundestag. Es muss sich an seinen Langzeitwirkungen messen lassen.

Eine der wichtigen Fragen heißt dabei in der Tat: Die stark steigende Lebenserwartung fordert die Sozialsysteme heraus. Rentenversicherung und Pflegeversicherung, aber auch die Krankenversicherung. Die Zahl der Rentnerinnen und Rentner wächst mit Sicherheit, die derer im Erwerbsalter nicht. Die Frage lautet: Welche Konsequenzen ergeben sich daraus für die Sozialsysteme – was ist zu tun?

Das wichtigste Stichwort heißt Bildung. Da sieht es für die junge Generation insgesamt gut aus. Die Chancen wurden deutlich ausgebaut. Aus meiner Schulklasse (35–40 Kinder) machten fünf oder sechs das Abitur. Heute sind das 50 Prozent oder mehr. (Ich selbst beendete meine Schulzeit nach acht Jahren ganzheitlich katholischer Volksschule mit gerade 14 Jahren. Bin ich benachteiligt? Oder haben sich vielleicht Bedingungen und Zeitläufe verändert, sodass sich daraus Fragen ergeben, die kaum über Gerechtigkeit zu buchstabieren sind? Im Ernst, ich fühle mich nicht ungerecht behandelt mit meinen 8 Jahren Schule. Es war eine andere Zeit.)

Bei der Erziehung und Befähigung von Kindern kann viel gelingen, es kann aber auch viel schiefgehen. Wenn der Start in den ersten zwanzig Jahren nicht halbwegs gelingt, wird es schwerer auf dem Lebensweg. Ich bin mir sicher: Bildung und Erziehung als Menschenrechte müssen ganz vorne stehen, wenn wir über Lebenschancen der jungen Generation sprechen und über Generationengerechtigkeit.

Aber ich will dem Thema Alterssicherung, Rentenhöhe und Versicherungsbeiträge nicht ausweichen. Meistens bezieht sich die Diskussion über Generationengerechtigkeit nämlich auf diesen Renten- und Beitragshöhebereich. Und da gilt der sogenannte Generationenvertrag. Dieser Vertrag besagt zweierlei. Erstens: Es handelt sich um ein Umlagesystem. Die Rentenversicherungsbeiträge, die auf den Lohn der Versicherten erhoben werden – bezahlt hälftig von Arbeitnehmern und Arbeitgebern –, werden nicht irgendwo gehortet, sondern unmittelbar als Renten an die heute Rentenberechtigten ausgezahlt, umgelegt. Zweitens: Wenn diese Beiträge zur Zahlung der Renten nicht ausreichen, wird aus der Bundeskasse der fehlende Beitrag der Rentenversicherung zugeführt. Das geschieht inzwischen jährlich in einer ansehnlichen Dimension (circa 90 Milliarden Euro). Denn die Relation zwischen der

Zahl der Beitragszahler und der Rentenempfänger verschiebt sich erheblich. Die Geburten- und die Sterbefallzahlen zeigen, dass das mindestens für die nächsten rund 25 Jahre in Deutschland so bleiben wird, als Problem wachsend. Deshalb sind das Renteneintrittsalter, die Beitragssatzhöhe, die Beitragsbemessungsgrenze und der Rentenniveausatz Instrumente, mit denen der Zuschussbedarf gesteuert werden kann. Die Höhe der Löhne spielt eine Rolle, ist aber nur sehr bedingt in der Hand des Staates.

Mit politischen Stellschrauben muss der Gesetzgeber sensibel und gerecht umgehen und eine vernünftige Balance suchen. Dass dabei unterschiedliche Interessen bei Zahlenden und Empfangenden auftreten können, ist nicht wirklich verwunderlich.

Hier wird deutlich, was in der Debatte oft unterbelichtet bleibt: Es geht nicht simpel um Gerechtigkeit, sondern um Gerechtigkeit auf gutem Niveau. Es geht um die Zukunfts- und Wohlstandsfähigkeit unseres Landes. Solange die eindeutig positiv ist, ist auch die Leistungsfähigkeit des Sozialstaates so, dass befriedigende Kompromisse gefunden werden können.

Und so kommen wir schnell wieder bei der Bildung an und der Qualifizierung, der Forschung und Entwicklung, der Produktion, dem Handel und den Dienstleistungen, dem Markt, der weit über das eigene Land hinausgeht.

Die Chancen und Risiken für einen gesicherten oder doch wahrscheinlichen Wohlstand unseres Landes sind offensichtlich. Der Staat muss auf einen guten Kompromiss zwischen den Generationen hinsteuern, die Generationen aber müssen gemeinsam dazu beitragen, dass die Wohlstandsfähigkeit bleibt. Dass Gerechtigkeit auf gutem Niveau substanziell gesichert ist.

Diese mehrfach angesprochene Wohlstandsfähigkeit auf gutem Niveau und die individuellen Situationen der Menschen sind bekanntlich nicht dasselbe. Mit nur durchschnittlich gutem Wohlstand können wir in unserer Demokratie nicht zufrieden sein. Gerechtigkeit verlangt mehr. (Und doch müssen die Ziele der Nachhaltigkeit beachtet werden.)

Es können manche sehr wohlhabend sein und andere absolut abgehängt. Es können welche stinkreich sein und andere bettelarm. Denn die bestehenden Mechanismen der Wohlstandsverteilung sind unbefriedigend. Sittenwidrig niedrige und sittenwidrig hohe Löhne sind ein Beispiel dafür. Da gibt es Handlungsbedarf. Aber es bleibt auch richtig: Der erste Ansatz zu gerechter Teilung des Wohlstandes liegt bei der Befähigung des Einzelnen, bei Bildung und Ausbildung. Der zweite bei den Mechanismen des Sozialstaates, gerechte Teilung und Verteilung zu sichern. Der dritte bei der Bereitschaft der Gesellschaft, Menschen, die nicht oder nicht mehr aktiv für ihren eigenen Wohlstand wirken können, angemessen gut auszustatten. Die Solidarität in der Gesellschaft bleibt eine unverzichtbare Größe für das Gelingen der Gerechtigkeit. Solidarität kann dabei aber nicht die Pflicht zu und das Bemühen um Befähigung des Einzelnen ersetzen.

Die Überschrift dieses Abschnitts des Buches heißt Generationengerechtigkeit. Aber es wird klar, dass da nicht Generationen gegeneinanderstehen, die ihren eigenen Vorteil suchen, nötigenfalls auch zulasten der jeweils anderen Generation. Interessenunterschiede, die es gibt, liegen sehr viel weniger zwischen den Generationen, den Altersgruppen, sondern vor allem zwischen Arm und Reich, zwischen Chancenarm und Chancenreich, zwischen Befähigungs-Armut und Befähigungs-Reichtum.

Gleichzeitig verändert sich die Dynamik des gesellschaftlichen und des allgemeinen Wandels, und es verändern sich auch die Bedingungen für soziale Gerechtigkeit. Alt und Jung als feste statische Größen anzunehmen, hilft uns nicht bei der Lösung von Problemen. Die Bedingungen sind heute für Alt und für Jung anders als vor Generationen, und das wird sich wohl auch in Zukunft mit Rasanz fortsetzen. Es macht wenig Sinn, da von »besser« oder »schlechter« zu sprechen, die Wahrheit heißt zunächst einmal: anders. Das Tempo der Veränderungen ist dabei deutlich größer als in früheren Zeiten. Zum Beispiel in Sachen Senioritätsprinzip: Die Älteren erklärten den Jüngeren die Welt und lehrten sie. Bei neueren Technologien, auch des Alltags, besonders offensichtlich im Bereich Information und Kommunikation, verändert sich in der Gegenwart Grundlegendes. Zwanzigjährige wissen oft mehr als Fünfzigjährige, sehr viel mehr als Achtzigjährige. Und zwar nicht nur in Fragen des Sandkastens und des unbeschwerten Spiels, sondern in substanziell und ökonomisch wichtigen Aspekten und Fragen und auch ethischen Konsequenzen, die sich daraus ergeben. Das wirft neue Fragen auf. Genau in dieser Phase rasanter Entwicklungen mit weltweiter Wirkung leben wir Menschen deutlich länger als die Generationen vor wenigen Jahrhunderten, ja, Jahrzehnten. Wie gehen wir mit diesen veränderten Kompetenzen und Hierarchien um?

Wir Menschen erhalten in Kindheit und Jugend Prägungen, die uns lebenslang begleiten bis bestimmen. Sind wir in der Lage, diese Veränderungen, die sich aus Wissenschaft und Forschung und Lebenspraxis ergeben, zu lernen und zum Gegenstand auch unserer Lebensweise zu machen? Und zwar so, dass die Demokratie und ihre Werte bestimmend bleiben? Das gilt für uns Ältere, aber bald auch für die heute noch Jüngeren. Oder bildet sich eine Kaste von hochintelligenten, informierten Experten heraus, die den anderen Menschen Spielzeuge geben, aber keinen wirklichen Anteil an den zentralen Mechanismen. Anders gefragt: Steuern wir auf das Risiko reduzierter demokratischer Macht zu? Teilnahme und Teilhabe nur zum Schein? Wenn das droht, wie verhindern wir das? Alt und Jung gemeinsam!

Hier halte ich an meiner Zuversicht fest, weil ich sie einfach nicht loslassen will. Aber kann ich mir sicher sein? Welche Macht haben die Vertretungen der Arbeitnehmer (Gewerkschaften) und der Arbeitgeber (Verbände) dann noch für ihre notwendigen Auseinandersetzungen und Kompromisse? Welche die Parteien? Welche die freien Medien? Welche die Parlamente? Es bleibt dabei: Die Vernünftigen jedes Alters müssen sich unterhaken und Demokratie lebendig halten.

5. BRIEFENTWURF
Damit es nicht heißt, ich hätte gekniffen –

An die, die mich leise drängen,
mein Herz für die digitale Welt,
auch die sozialen Medien darin,
zu öffnen und ihnen aktiv in Freundschaft beizutreten:
Vergesst es!

Jeder Tag ist kürzer, mein Leben sowieso – zu kurz,
als dass ich alles,
was es für mich zu sehen, zu wissen, zu reden, zu erleben gibt,
sehen, wissen, reden, erleben könnte.

Also muss ich entscheiden,
was
mir wichtiger ist
und was nicht.

Und ich bin ganz zufrieden mit dem,
was ich sehe, weiß, rede und erlebe.

Macht also mit Facebook, Twitter, Instagram & Co., was ihr wollt:
Ich bin verhindert, keine Zeit.
Nennt es wohlmeinend die Gnade der frühen Geburt
Oder partiellen Autismus.

(Klar, sicher, man kann ja klüger werden auf der Strecke irgendwann –
aber nicht nur ich.
Und den verlässlichen Zugriff auf Berge von Wissen und auf aktuelle Informationen jederzeit,
den weiß ich wohl zu schätzen.
Aber ansonsten fehlt die Zeit.
Und: Die exhibitionistischen Aspekte dieser Neuzeit sind mir ein Greuel.
Das muss erlaubt sein und uns nicht entzweien.)

Mit der Bitte um Verständnis und freundlichen Grüßen

Euer/Ihr .... Frühjahr 2019

6. SPORTUNTERRICHT DARF NICHT AUSFALLEN

Ich gebe zu, ich kenne keine wirklich belastbare Statistik dazu. Aber einschlägige Meldungen gibt es immer mal wieder und bei Rückfragen erhält man Bestätigungen für deren Richtigkeit. Ich vermute deshalb, so falsch können Beschwerden nicht sein, die da heißen: Der Sportunterricht an den Schulen ist Favorit Nr. 1 beim Schulstunden-Ausfall-Ranking. Und – zweitens – Schulsport wird sowieso nicht regelmäßig von fachlich qualifizierten Personen gegeben. Er wird nicht richtig ernst genommen.

Die Begründung und Relativierung hier und da: Wenn Deutsch ausfällt oder Fremdsprache oder Mathe, intervenieren die Eltern und dringen auf Abhilfe. Sport, naja, bewegen tun sich die Kinder ja ohnehin. Lässliche Sünde also.

Wir müssen davon ausgehen: Wir sind auf dem Weg in eine Bewegungsverhinderungsgesellschaft. Im körperlichen Stillstand unterwegs. Weltweit, wenn möglich. Gesund ist das jedenfalls nicht, und das Problem beginnt ziemlich früh im Leben, nämlich auch in der Schule.

Nun führt der Ausfall des Sportunterrichts wirklich nicht zwingend zu Bewegungsarmut junger Menschen. Klar ist aber doch: Die Schule ist eine Chance, jungen Menschen beim Schulsport früh und praktisch belegtes und nachhaltiges Bewusstsein davon zu vermitteln, wie wichtig Bewegung für das menschliche Wohlbefinden ist, kurz- und längerfristig.

Wir Menschen haben unsere Gesundheit nicht wirklich im Griff und nicht immer unter Kontrolle. Aber auch hier gilt: Vorbeugen ist besser als heilen. Gesund leben fängt früh an. Aber es ist auch nie zu spät, etwas dafür zu tun.

Deshalb noch einmal kurz zur Schule. Man liest, dass eine immer größere Zahl von Kindern in Deutschland – 10 Prozent, eher mehr – adipös ist, also krankhaft dick. Das ist nicht lustig. Besonders nicht für diese Kinder. »Selbst schuld« ist eine schlechte Antwort.

Aber wie kann und soll man dem vorbeugen? Wer überzeugt die Eltern? Hat die Schule eine Funktion? Kann man die Kinder direkt erreichen und überzeugen? Und wenn, wie? Bewegung und Ernährung sind Schlüsselfragen.

Über ein Präventionsgesetz, zu dem man hier einen Zusammenhang sehen darf, wurde lange gesprochen, dann wurde es beschlossen. Der vorbeugende Sozialstaat macht hier per Fürsorge Sinn. Wenn die hintergründigen Informationen stimmen, liegen bei den Krankenkassen viele Millionen der gesetzlich vorgeschriebenen Präventionsmittel still und ungebraucht auf Konten fest. Man hat es nicht eilig damit. Dabei fallen einem bei gutem Willen schnell sinnvolle Verwendungen ein, zum Beispiel bei den erwähnten Kindern.

Zu wenig Bewegung und Übergewicht, das kostet Lebensqualität, keine Frage. Aber noch mal: Müssen Schule und Staat sich da einmischen? Wie verhält sich das zur Selbstbestimmung, die wir ja alle großschreiben und die Kinder lernen sollen? Und wie steht es damit bei uns Älteren?

Im Konkreten gehen Meinungen dazu oft auseinander. Bei der Kampagne gegen das Rauchen erlebt man es immer noch mal wieder. Eine rundum verordnete, gesteuerte, überwachende Volksgesundheitsgesetzgebung wäre nicht wirklich gut. Die Meinung teile ich. Aber muss man den Mund halten und darf der Gesetzgeber es ignorieren, wenn Menschen sich sehenden Auges gesundheitlich (schwer) schädigen? Wenn sie aus Bequemlichkeit oder infolge von Sucht oder psychisch erkrankt oder aus Ahnungslosigkeit sich gefährden, sogar zerstören? Wenn sie damit auch der Gesellschaft oder einzelnen Menschen deutlich zur Last fallen? Ohne Mitverantwortung sind die Außenstehenden, die das miterleben, nicht. Auch nicht der Staat. Und was heißt das nun für mangelnde Bewegung, fürs Rauchen, für ungesundes Essen, für übertriebenen Alkoholgenuss, für riskantes Autofahren, für hohen Tablettenkonsum?

Grenzen sind schwer zu ziehen. Und es bleibt dabei: Keine Lust auf Perfektionismus. Keine Lust auf kontrollierte Lebensweise, auf Beitragsauf- und -abschläge dank digitaler Überwachung mit Armband oder wie auch immer. Neue Medien eröffnen neue Methoden. Aber die Grenzen sind manchmal schmal, und das Bewusstsein des Einzelnen zu schärfen für Lebensqualität, für Solidarität, für gesellschaftliche Kosten, das macht schon Sinn. Darüber sprechen darf man schon, sollten wir sogar. Selbstbestimmung ist Mitverantwortung.

»Ich lebe, wie ich will«, das ist keine sozialstaatliche Parole. Wahrscheinlich stehen uns ein paar einschlägige Debatten bevor, mehr über Lebensqualität jetzt, aber auch über Vorbeugung für übermorgen. Das Leben ist dabei keine Vorbereitung auf ein gutes und preiswertes Ende, das Leben will gelebt sein. Leben ist das, was gerade passiert. Es geht um Lebensqualität in jedem Alter. Das schließt Vernunft nicht aus, im Gegenteil.

Und zur Vorbereitung auf ihre nächsten rund achtzig, neunzig Jahre sollten Kinder – wir waren ja über den Sportunterricht bei dieser Thematik angekommen – Wichtiges darüber erfahren. Auch im Seniorenclub gehört das Thema auf die Tagesordnung, da heißt es dann Bewegungssport und orientiert sich an LLL – das ist meine Kurzformel für

L wie Laufen (Schwimmen, Fahrradfahren ... gehören auch dazu),

L wie Lernen (neugierig bleiben ... Lehren gehört dazu),

L wie Lachen (meistens leise, aber manchmal auch laut).

7. MEIN FÜHRERSCHEIN

Ich war 28 Jahre alt, als ich am 14. August 1968 meinen Führerschein bekam. Mit 18 und danach hatte ich noch keine Lust darauf. Ich kam zu Fuß und mit dem Fahrrad gut klar. Es waren immer zwischen zwei und drei Kilometer gewesen, die zu bewältigen waren, in den Kindergarten, in die Schule, zum Arbeitsplatz. Sicher spielte eine Rolle, dass mich Autos nicht sonderlich interessierten und ich mein Leben auch so ganz ausgefüllt empfand. Bei der Bundeswehr konnten manche den Führerschein für LKW machen. Dafür schied ich völlig aus. Mich fragten sie erst gar nicht, ich fand das normal. Ich hatte dann Familie und genug zu lesen. Aber ab 1966 war ich SPD-Mitglied und bald aktiv und musste oder wollte zu Treffen, Seminaren, Konferenzen. Kollegen halfen, nahmen mich manchmal mit. Aber ich wusste auch bald: Wenn man mitreden und mitmischen will, ist Anwesenheit sehr nützlich, und man muss Meinungsbildungsprozesse – die Prozesse, nicht nur die Meinungen!! – kennen. Ich wurde also aus politischem Kalkül Autofahrer.

Beim ersten Termin mit meinem Fahrschullehrer komplimentierte er mich freundlich nach vorne links, hinters Steuer. Starten Sie den Motor.

Wie geht das?

Treten Sie die Kupplung.

Wo ist die Kupplung?

Machen Sie Spaß oder Ernst?

Ernst.

Wir wechseln mal die Plätze.

Er fuhr aus dem Ort auf eine recht einsame Straße am Sorpesee. Ich erklärte ihm, dass ich mich ja angemeldet habe, um das Fahren zu lernen. Und dass es ihm doch eigentlich Freude machen muss, es nicht mit jemandem zu tun zu haben, der schon alles weiß und kann vom und mit dem Auto. Und dass ich ihn bewusst als meinen Fahrschullehrer ausgesucht hatte. (Wir hatten drei oder vier Fahrschulen am Ort.) Wenn wir uns zuhörten und er ein wenig Geduld habe, würde ich es sicher lernen.

Wir kamen gut voran und fuhren bald die scharfen Kurven am waldigen Ochsenkopf. Da lernte ich das Gefühl beherrschen, wenn mir auf der schmalen Straße in der Kurve ein riesengroßer und unendlich langer Bus entgegenkam. Jedenfalls verdammt wenig Platz zwischen Bus, niedriger Leitplanke und Steilhang rechts. Ja, und anfahren an Steilhängen war auch eine interessante Erfahrung.

In der Unterrichtsstunde im Verbund der Schülerinnen und Schüler – eine Nonne machte die gefühlt fünfzigste Stunde – schrieb unser Fahrschullehrer mit Kreide an die Tafel, FKW (es sollte heißen LKW). Als nebenan das Telefon schellte und er abgelenkt war, habe ich aus dem W ein K gemacht – FKK. Niemand ließ sich was anmerken, und als er zurückkam an die Tafel und sah, was das stand, wurde er ziemlich hektisch. Gelächter. Die Nonne schmunzelte.

Ansonsten keine besonderen Vorkommnisse. Am 14. August 1968 bekam ich also meinen Führerschein. Meine Unterschrift darauf sieht aus, wie heute meine Unterschrift aussieht. Werten Graphologen das als Konstanz oder als Unfähigkeit zur Veränderung? Mein Fahrschullehrer hatte in diesen Wochen seine Mitgliedschaft bei der SPD schriftlich bestätigt. Alles in allem war die Aktion ein Erfolg.

Am 14. August 2018 waren es also genau 50 Jahre, dass ich die Fahrerlaubnis hatte. In meinen Jahren als MdB im Sauerland bin ich zwangsläufig viel mit dem Auto gefahren, auch von dort zum Bundestag nach Bonn. Ich fuhr hin und wieder kleine Beulen ans Auto, was mich nicht beunruhigte. Als Willy Brandt zur Wahlkampftour in der Region war und ich mit meiner Logistik Mühe hatte, die wichtigsten Termine einzuhalten, wurde ich an einem Tag dreimal von der Polizei wegen überhöhter Geschwindigkeit angehalten und musste bar bezahlen. Meine Sorge war, dass sie die Daten untereinander austauschen und mich als Serientäter identifizieren würden. Aber so entwickelt und vernetzt waren die Systeme damals noch nicht. Punkte in Flensburg waren mein Problem nie.

In den fünfzig Jahren Autofahren war ich einmal an einem Unfall als Verursacher beteiligt. Das passierte in Münster (das ich trotzdem mag). An einer Ampel einer mittelgroßen Kreuzung wollte ich bei Gelb noch schnell über die Kreuzung und trat das Pedal durch. Der vor mir trat auch durch, er aber die Bremse. Ich fuhr krachend auf. Sein Auto sauste über die Kreuzung, bevor der Kreuzungsverkehr in Fahrt kam. Es sah dann ziemlich schrottig aus. Der Mann erwies sich als völlig ok und cool. Ich war ausgestiegen und sah, dass ich genau vor dem Hauptgebäude meiner Kfz-Versicherung stand, der LVM. Die Hergang-Skizze zum Unfall, die der Versicherungsgeber anforderte, habe ich entsprechend ausgeschmückt.

Mein Interesse an Autos ist so konstant geblieben wie das Bild meiner Unterschrift. Ich fahre heute nur noch wenig. Seit Jahren habe ich kein eigenes Auto mehr, fahre vorzugsweise auf bekannten Straßen, nicht bei Dunkelheit und schon gar nicht, wenn es regnet oder schliert. Meine Augen.

Wenn ich 80 Jahre alt werde, Anfang 2020, lasse ich bei der Fahrschule testen, ob ich noch sicher fahre. Ob es sinnvoll ist zu üben oder nötig, den Führerschein abzugeben? Gegebenenfalls lasse ich ihn entwerten und lege ihn zu manchen anderen

Erinnerungsstücken aus meinem Leben. Er hat dann seine Aufgabe erfüllt.

Ich habe es heutzutage nah zur U-Bahn und damit zur Deutschen Bahn. Ich weiß auch, nicht an jedem Wohnplatz kann man so locker über die Fahrerlaubnis reden. Aber mindestens in Situationen wie meiner eben doch. Unterwegs – recht häufig – bin ich mit der Deutschen Bahn. Die mag ich und setze auch da auf Zuversicht. Sie braucht die Chance. Sie wird gebraucht. Und ich nutze sie gerne für UNTERWEGS-Notizen.

8. POPULISMUS

Viele Populisten – und wir haben derzeit recht viele davon in Deutschland und auch in anderen Ländern – halten sich für die wahre Opposition, aber gleichzeitig auch für die geborene Regierung und für die einzig legitime Vertretung des Volkes. Alles in einem.

Das ist auch deshalb so absurd, weil sie, wenn sie regierten, ihrerseits jede Opposition bekämpfen würden. Für sie ist sonnenklar: Sie sind das Volk, und nur sie alleine, nur sie, haben die Wahrheit auf ihrer Seite, und diese elenden Eliten sollen bitte schön endlich tun, was dieses Volk verlangt. Oder gehen (solange das noch freiwillig möglich ist).

Populisten sind nicht dumm, jedenfalls nicht alle. Schlaue Populisten sind aber eine Gefahr für die Demokratie. Und es gibt schlaue. Es ist wirklich kein Mangel an Bildung oder Einsichtsfähigkeit, der sie kennzeichnet. Eher Egozentrik und Raffinesse, Selbstüberschätzung und Rücksichtslosigkeit, Verantwortungslosigkeit. Dieses Populismus-Modell – es gibt Varianten und alle Himmelsrichtungen – etabliert und personifiziert sich derzeit in nicht wenigen Demokratien. Es passt zu den autokratischen Formen von sogenannten Demokratien, die wir sich vermehren sehen und die in Wahrheit keine Demokratien mehr sind.

Wir müssen uns klar und eindeutig verhalten. Keine Angst haben vor Populismus, aber wir müssen ihn ernst nehmen. Populismus gab es, gibt es und wird es immer geben, so lange es Demokratie gibt. Denn der Populismus ist ein Feind der Demokratie. Das ist sein Kern! Demokratie in ihrer Liberalität und in ihrer Bereitschaft, Vielfalt zu akzeptieren und die internationalen Menschenrechte zu sichern, ist diesem Populismus fremd. Und er bekämpft sie.

In Deutschland profitiert zurzeit die AfD von der Populismus-Welle. Sie findet auch Wählerinnen und Wähler, die sich aus sozialem Ärger abwenden, zornig sind, enttäuscht. Da brauchen die demokratischen Parteien Sensibilität, um Vertrauen neu zu gewinnen.

Der fundamentale Teil der Populisten speist sich aber nicht aus Enttäuschungen über soziale Verwerfungen, sondern er will unsere parlamentarische Demokratie nicht. Er will nicht die Gleichwertigkeit der Menschen, aller Menschen, als Grundlage des Zusammenlebens. Er duldet vielleicht Demokratie als staatliches Konstrukt. Aber er will Demokratie nicht als Lebensform.

Und da kann es keine Kompromisse geben. Keine raffinierte Taktik. Da gibt es kein Abwägen, wie viel Menschenverachtung toleriert werden kann. Die Antwort muss klar und eindeutig sein: nein, keine. Die allgemeinen Menschenrechte und die Demokratie gehören zusammen. Nichts davon steht zur Disposition. Definitiv nichts. Wenn wir die Formen wahren, aber die Inhalte schleifen, würden aus Formen bald leere Hüllen. Formen sind auch wichtig, aber Inhalte entscheidend.

9. OFFENE FRAGEN IM ZUSAMMENHANG MIT PUNKT 8

In Sachen Einreise Vertriebener und Flüchtlinge nach Deutschland sind inzwischen die Argumentationsstränge geklärt:

1. Kann ja sein, dass die Entscheidung vom Sommer 2015, den vielen Menschen die Einreise nach Deutschland zu erlauben, richtig war, zumindest human.
2. Aber in den Zeiten davor hätte man solche massenhaften Fluchtwanderungen Richtung Europa und Deutschland ahnen und ihnen vorbeugen und vorbereitende Vorkehrungen in diesem Sinne treffen müssen, was aber nicht geschehen ist.
3. Nach besagter spontaner Einreiseerlaubnis nach Deutschland wurden die Dinge zu sehr sich selbst überlassen, und es wurde unzureichend gestaltet, was grenznahe Einreisekontrollen, Aufnahme, Asylverfahren, Duldung, Zurückweisung und Ausweisung angeht.

Fazit: Das alles war vielleicht gut gemeint, wurde aber vorher und hinterher schlecht gemanagt und die damit verbundenen Probleme wurden nicht gelöst. Experiment gescheitert.

Das klingt rational. Ist aber nicht die Wahrheit. Die wird erst deutlich, wenn man die folgenden Fragen stellt und vergeblich auf deren Beantwortung warten muss:

Was können wir und was sollten wir in Sachen Vorkehrungen und Verfahren mit Vertriebenen und Flüchtlingen tun, damit Menschen in Not die Chance haben, sich in sichere Länder zu retten, irgendwo auf der Welt, auch nach Deutschland und Europa, und Asyl oder Duldung zu finden, wenn ihre Lage das erfordert? Und wie können in Deutschland Integration und Duldung in diesem Sinne stärker und zielführend betrieben werden und was geschieht dafür jetzt und in den kommenden Jahren?

10. RICHTIGE SCHRITTE

Das Ergebnis der Bundestagswahl vom 24. September 2017 gilt bis zur nächsten Bundestagswahl.

Die Regierungsbeteiligung der SPD ist ein Kompromiss, der mit vielen Zweifeln verbunden war und mühsam zustande kam. Kompromisse sind Bausteine der Demokratie und keine Schwachpunkte. Ohne sie gibt es keine Demokratie. Der Kompromiss führt zur Mehrheit und zum Handeln: vereinbaren – beschließen – einig sein – handeln (auch: sich loben, wenn man kein Masochist ist).

Das ist auch die Voraussetzung dafür, einen erkennbaren Weg zu markieren und nicht unzuverlässig und sprunghaft wirr zu wirken. Die Unwilligkeit und Unfähigkeit, Kompromisse als verbindlich zu akzeptieren, war im vergangenen Jahr wesentlicher Grund für Schlingerkurs und Attraktivitätsverlust demokratischer Parteien in Deutschland. Auch der SPD. Und zu Ende ist dieses Dilemma ja erkennbar noch nicht.

Einige wissen, dass ich nach der Wahl im September 2017 die realisierte Form der Koalition nicht für zwingend hielt. Anderes schien möglich und sinnvoll. Aber dann wurde dies beschlossen und es gilt. Wer Kompromisse für Pudding hält, den man nicht an die Wand nageln kann und der deshalb frei disponibel ist, der hat die Funktionsweise der Demokratie nicht begriffen. Es gibt bekanntlich mehrere Wege, die nach Rom führen. Alle sind möglich, aber nicht gleichzeitig nutzbar. Und es ist nicht immer der geradeste und einfachste Weg, auf den man sich verständigt, der dann der gemeinsame ist. Dann aber ist klar: Schritte sind zielführend, sind richtige Schritte. Auch wenn sie klein sind. Große Schritte, die wir uns wünschen, gibt es nicht, wenn und weil wir die kleinen verweigern! Mit Verweigerung ist nichts gewonnen. Kleine Schritte sind auch kein Makel, sondern immerhin ein Beweis für klaren Blick nach vorn und für Ausdauer. Für das freie Wahlrecht und für die Gleichberechtigung von Frau und Mann haben unsere Altvorderen viele Jahrzehnte kämpfen müssen, bis sie erreichbar wurden, schrittweise. Wer taktisch argumentiert, zu oft und zu laut, wer fast ausschließlich über Koalitionsfragen und das Regieren unter dem Blickwinkel des eigenen Vorteils diskutiert, bildet kein Vertrauen und gewinnt keines. Man wird in der Demokratie nicht gewählt, um seine eigene nächste Wahl möglichst erfolgversprechend vorzubereiten, sondern um jetzt mitzuhelfen, gute Politik zu machen für Land und Leute. Das schließt Selbstbewusstsein und kluge Positionierungen nicht aus. Gewinnen wollen gehört unbedingt dazu. Aber die Priorität muss erkennbar bleiben. Nur so wachsen Glaubwürdigkeit und Vertrauen.

Bleibt die Frage, ob man die konkrete politische Arbeit dieser Bundesregierung so elend finden muss oder kann, dass man keinen Nutzen in ihr sieht, sondern nur Irrwege und Versäumnisse. Eindeutig: Nein. Es gab bittere Fehler, aber es gibt bisher keine inhaltlichen Gründe, die Bundesregierung zu verlassen oder mutwillig zu riskieren, um Schaden vom deutschen Volk abzuwenden.

Für die Sozialdemokratie gilt sogar: Gemessen am Ergebnis der Bundestagswahl 2017 hat sich die SPD in dieser Regierung klug und wirksam positioniert. Wichtiges wurde auf den Weg gebracht und anderes immerhin in Bewegung. Weshalb sollte das alles in die Tonne, bis irgendwann eine neue Chance zum Regieren entsteht? Man erinnert sich an Herbert Wehners Worte von 1982: Wenn das passiert, wird es fünfzehn Jahre dauern, bis wir wieder regieren können. Es wurden sechzehn. Und Wehners Prognose von damals wirkt bei der heutigen Ausgangslage eher beschönigend.

Jetzt würden also Äußeres und Finanzen, Arbeit und Soziales, Umwelt, Justiz, Familie, Frauen und Jugend anderen überlassen, auch die Politik für die Generationen von Seniorinnen und Senioren, die nach Zahl weiter zunehmen.

Die Initiativen »Gleichwertigkeit der Lebensverhältnisse in allen Landesteilen« und »Konzertierte Aktion Pflege« enthalten eine Menge Hoffnungspotenzial, für die Älteren und für die anderen Generationen. Für das Jahr 2019 hat die Bundesregierung Ergebnisse angekündigt. Niemand möchte den Älteren erklären müssen, dass einer der Koalitionspartner aussteigt und die Probleme ungelöst schmoren lässt.

Wer zur Halbzeit nicht wieder auf den Platz kommt, weil er sich auf das übernächste Spiel vorbereiten will, hat wenig Chancen, zu gewinnen oder auch nur Sympathien auf sich zu ziehen. Im Gegenteil, die Zahl der Zuschauer wird abnehmen, die der Wählerinnen und Wähler auch. Er gerät in Vergessenheit.

Endlich und zurzeit sogar prioritär ist die Europawahl am 26. Mai 2019. Hoffentlich mit einer hochmotivierten SPD. Deutschland in der Mitte eines Europa, das um seine Zukunft kämpfen muss. 1925 warb die SPD auf ihrem Parteitag in Heidelberg für die »Bildung der Vereinigten Staaten von Europa«, um damit zur »Interessensolidarität der Völker aller Kontinente zu gelangen«. Ein stolzes Stück sozialdemokratischer und deutscher Geschichte. Der Weg wurde erst wirklich begehbar, als nach den von Deutschland begonnenen beiden Weltkriegen unsere Nachbarländer auf uns zukamen und Deutschland zu einem friedlichen und gemeinsamen und demokratischen Europa einluden. Kleine Schritte zunächst, aber welch eine Perspektive, die sich daraus ergab. Und nun sind in Europa seit 74 Jahren Demokratie und Wohlstand an die Stelle von Krieg und Verheerung getreten.

Können wir eigentlich sicher sein, dass diese Europawahl 2019 bei dieser Ausgangslage nicht auf längere Zeit die letzte wirkliche Chance ist, die Europäische Union auf ihrem beschwerlichen Weg zu einem zeitgemäßen demokratischen Miteinander fortentwickeln zu können?

Regt uns das nicht auf?

Alarmiert uns das nicht?

Ob eine Situation eine »historische« ist, weiß man meistens erst hinterher. Aber es riecht 2018/19 doch sehr danach in Bezug auf Europa. Deutsche Demokratinnen und Demokraten können nicht wirklich ernsthaft erwägen, in einer solchen Situation im eigenen Land vorzeitig vom Spielfeld zu gehen. Nicht vor der EU-Wahl und nicht danach.

Unsere Demokratie braucht keine Auszeiten für Selbstfindung. Ich bleibe dabei: Zuversicht in die Gestaltbarkeit der Dinge ist erlaubt. Aber nichts kommt von alleine. Sie setzt Menschen voraus, auch Politikerinnen und Politiker, die sich den Aufgaben stellen und für eine gute Zukunft kämpfen. Mit Kompetenz und Verantwortung. Wir sind nicht im Trainingslager. Wir sind im Spiel. Macht Europa!

Katarina Barley ist eine Hoffnung. Sie wird werben und sie wird kämpfen. Das muss nun aber auch die ganze SPD. Reißen wir uns zusammen! Wir sind stark!

11. VOLKSPARTEIEN

Ich habe 25 Jahre gebraucht, um erklärterweise Sozialdemokrat zu werden. Ich habe es keinen Tag bereut und bleibe es gerne und bis zu meinem Ende. Aber ich bin nun 79 Jahre alt und habe kein halbes Leben mehr vor mir. Ich möchte noch eine sozialdemokratische Kanzlerin oder einen sozialdemokratischen Kanzler an der Spitze unseres Landes sehen. Also beeilt Euch, liebe Genossinnen und Genossen.

Und ich bitte jede Leserin und jeden Leser an dieser Stelle um Verständnis, wenn ich in diesem Lesebuch übers Älterwerden in dieser Zeit am Ende auch einen Appell an den Mut und die Entschlossenheit der Sozialdemokratie unterbringen muss. Die Organisation der Sozialdemokratie begann vor rund 156 Jahren. Die Idee ist zeitlos. Sie ist die beste Antwort auch auf die Fragen und Herausforderungen dieser Zeit. Ich bin ganz sicher: Wenn mein Wunsch sich erfüllt, wird es allen im Land nutzen und Europa auch. Ich rede vom Regieren in Deutschland, nicht vom Besserwissen in der Opposition. Es ist ja keine Schande, sich – und der Sache – im Alter treu zu bleiben.

Woher kommen die Einbrüche bei den Wahlergebnissen und wo liegen die Lösungsansätze? Es geht offensichtlich nicht um ein primär deutsches Phänomen. Wir erleben in Europa schon seit Jahrzehnten erhebliche Veränderungen in den Parteistrukturen. Aber das darf keine Ausrede sein für den deutschen Anteil. Einige werden die Augen verdrehen, aber doch sage ich: Wenn wir, die SPD, 1998 bis 2005 nicht regiert hätten, wäre es schneller bergab gegangen mit unseren Wahlergebnissen. Und wenn wir nicht diese Politik gemacht hätten, noch schneller. Die knappe Wahlniederlage in 2005 war ein Verhängnis, hellsichtig-destruktiv eingestielt von einem ehemaligen Parteivorsitzenden. Ohne seine Grätsche hätten wir mit Gerhard Schröder noch ein gutes Jahrzehnt soziale und demokratische Politik machen können. Es kam anders.

Da die FDP sich 2005 jeder Sondierung für eine Ampel-Koalition entzog, kam es zur Großen Koalition. Diese war nicht unser Ziel, aber die beste der verbliebenen Möglichkeiten. Die Sozialdemokratie war nicht mehr an der Spitze, das war ein Machtverlust, klar, aber sozialdemokratisch mitgesteuert haben wir weiterhin. Wir haben den Unsinn verhindert, der von der Union seit 2003 als »neue soziale Marktwirtschaft« propagiert wurde. Und wir haben in zahlreichen Politikbereichen für die generelle Fortsetzung dessen gesorgt, was wir in den Koalitionen mit den Grünen 1998/2005 begonnen hatten: Kita und Ganztagsschulen, Gleichstellung und Liberalisierung, Arbeitsmarkt und Wirtschaftsförderung und Erneuerbare Energien, Rente und Gesundheitswesen. Keine Kriegsbeteiligung im Irak. Und, und, und.

Die SPD war in der Großen Koalition nie ein beliebiges Anhängsel, das hat uns die Union auch nicht abverlangt. Die Zusammenarbeit war im Wesentlichen fair und zielorientiert. Für unser Land waren diese Großen Koalitionen keine verlorene Zeit. Die verlorene Zeit gab es 2009 – 2013, als Union und FDP merkten, dass sie eigentlich nicht mehr zueinanderpassten und sie ohne Himmelsrichtung dahinregierten. In den Koalitionen seit 2013 ist wieder ordentliche Politik gemacht worden in Deutschland. Selbstzufriedenheit soll nie zu laut sein. Aber der Vergleich mit anderen Ländern zeigt, dass Deutschland alles in allem gut regiert, zukunftsfähig und eine stabile Demokratie ist.

Umso dringlicher aber noch mal die Frage: Woher kommen die Einbrüche bei den Wahlergebnissen für die SPD (und die Union) und wo sind die Lösungsansätze?

Es gibt einen großen Trend, der vor allem die Parteien schrumpfen lässt, die die originärsten Industriearbeiterparteien waren und sind. Ganz überraschend ist die Entwicklung nicht, wenn man die Arbeitswelt heute mit der vor 100 oder auch 50 Jahren vergleicht. Es war kein Zufall, dass sich die deutsche Sozialdemokratie auf ihrem Parteitag 1959 in Bad Godesberg zur Volkspartei erklärte, mit ungeschmälertem Stolz auch auf die Zeit, in der sie noch die Partei der Arbeiterklasse war. Dass Willy Brandt, Helmut Schmidt und Gerhard Schröder als Bundeskanzler im Denken und Handeln eng mit der Arbeiterbewegung verbunden blieben, auch mit den Gewerkschaften, war ihnen selbstverständlich. Dass sie damit auch die Mitte der Gesellschaft im Blick hatten – die gesamte Arbeitnehmerschaft ist Teil der Mitte, wie große Teile des unternehmerischen Mittelstandes auch –, ist Ausdruck sozialdemokratischen Selbstverständnisses mindestens seit Godesberg 1959.

Mitte war seitdem immer weniger eine ideologische Position zwischen dezidiert Links und Rechts, sondern wurde das ganze bunte Spektrum des Lebens- und Zeitgefühls, in dem die Mehrheit des Landes zuhause ist und Orientierung findet. Und die Arbeitnehmerschaft heute – Industrie bis Dienstleistung, Öffentlicher Dienst bis Landwirtschaft, Kultur bis Kommunikation, Freizeit bis Wissenschaft – ist ganz überwiegend gut ausgebildet, informiert, qualifiziert auf höchstem technischem Niveau. Fortschrittsfähig. Selbstbewusst.

Überhaupt hieß Arbeiterpartei sein nie, nur Prekariatspartei sein. Die Industrie war vom Augenblick ihres Entstehens an ein Versprechen auf Fortschritt und Zukunftsfähigkeit. Auch weil mit starken Gewerkschaften Arbeiter erstmals ihre Interessen selbst wahrnehmen konnten. Mein Vater wurde vom landwirtschaftlichen Gehilfen zum Industriearbeiter. Er unterschrieb gerne mit: Franz Müntefering, Fabrikarbeiter. Ich verstand das. Im Ruhrgebiet haben wir vor Kurzem die letzten aktiven Bergleute erlebt und gesehen, wie schwer ihnen der Abschied von dem immer noch harten Beruf fällt. Stolze Menschen, die im Übrigen ihre zentrale Rolle für unseren Wohlstand in den letzten, besonders fünfzig Jahren kennen. Die Kumpel stehen nicht am Rande, sondern mitten in der Gesellschaft. Das ist auch angemessen so.

Arbeitnehmerinnen und Arbeitnehmer heute haben Änderungswünsche an die Politik, als Reparatur und als Perspektive. Soweit sie Sozialdemokraten sind, schlägt das Herz bekanntlich ohnehin links, aber sie stehen mit beiden Beinen fest auf dem Boden der Gegenwart. Sie haben nichts gegen Volkspartei. Sie sind nicht für Klientelparteien.

Wenn die SPD einen Gerechtigkeitskampf macht in einer Tonalität, die auf Hilfe für die Ärmsten eingestimmt ist, bekommt das breiten Beifall bei unseren Mitgliedern und auch vielen anderen anständigen Menschen in der Gesellschaft. Denn es gibt ja erkennbar einiges zu tun und man will sich damit nicht abfinden. Gut so.

Aber unzureichend beachtet bleibt dabei doch: Die Gerechtigkeitsfrage ist für die ganz große Mehrheit der Bevölkerung nicht primär eine Nothilfefrage, sondern eine umfassende Gestaltungs- und Perspektivfrage. Es geht um Zukunftsfähigkeit, Stabilität von Wohlstand, Innovationskraft, Nachhaltigkeit. Auch um die Fähigkeit, sich in Europa und global weiterhin und dauerhaft zu behaupten. Es geht um überzeugende Beweisführung, was die Ideen zur Zukunftsperspektive angeht, auch die der Kinder.

Diesem Spektrum kann man als Partei nur gerecht werden, wenn man sich als Volkspartei zeigt, überzeugt und überzeugend. Die SPD macht sich zu gerne schmal statt breit.

Das erklärt nicht alles. Die Sozialdemokratie versucht – und das spricht für die handelnden Personen –, bei ihren Bewertungen und Versprechungen rational zu bleiben, richtig. Das ist gut und setzt doch erkennbar Grenzen. Was Mehr-Nothilfe-Versprechen angeht, werden die Forderungen von ganz links und ganz rechts nicht zu toppen sein. Und trotzdem lässt sich hier um Vertrauen werben mit den Argumenten »zur Mitte und nach vorne«, denn die sind ein interessantes Versprechen auch für die, die gerade dringend Hilfe brauchen und auf morgen hoffen. Mehr für Kinder und mehr für Familien ist Mitte-Politik. Volkspartei-Politik.

Die Erzählung, man wolle das Spektrum einteilen und sich selbst einen schmaleren oder breiteren Ausschnitt zuschreiben und im Übrigen der Konkurrenz die anderen Abschnitte überlassen, ist kompletter Unsinn. Sich Merz als Unions-Kanzler (-Kandidaten) zu wünschen, um das eigene Spielfeld zu vergrößern, wäre einfältig und verräterisch.

Besorgt macht es außerdem, wenn eine Volkspartei ankündigt, sich zu erneuern. Die Grundwerte können ja nicht gemeint sein. Ich schließe das jedenfalls aus. Das Wahlprogramm von 2017 nicht. Der Koalitionsvertrag auch nicht. Also das Grundsatzprogramm. Das macht die SPD von Zeit zu Zeit im Sinne einer Fortschreibung »auf der Höhe der Zeit«. Dass daraus ein Wahlhit geworden wäre, habe ich noch nicht erlebt. Also das

Wahlprogramm 2021, ja, aber das muss man ja nicht extra als Erneuerung ankündigen und das hat ja auch noch Zeit. Die Reden und Beschlüsse von 2002 bis 2005 für ungültig erklären oder überflüssig? Mit welcher Wirkung? Die Konkurrenz muss man vorne überholen, nicht im Rückspiegel.

Aber auch dies ist ja nur ein Ausschnitt der Herausforderungen, in denen die demokratischen Parteien und die Demokratie insgesamt leben. Die Aufgabe ist größer. Es gibt – auch das nicht nur in Deutschland – Parteien und eine recht große Wählerschaft, die aus einer Mischung von Wichtigtuerei, Übermut und Ignoranz, aber auch aus knallharter Demokratie- und Fremdenfeindlichkeit heraus alles Denkbare nutzen und tun, um die demokratischen Parteien zu diskreditieren. Das ist unerfreulich, aber dafür müssen wir uns nicht genieren. Dem müssen wir mit Klarheit begegnen, dürfen es aber nicht zum Hauptthema unserer Politik machen. Denn das ist es objektiv nicht.

Selbst Prioritäten setzen, darauf kommt es an. Uns nicht ablenken lassen von den wirklichen Aufgaben dieser Zeit. Entschlossen handeln. Sammeln und führen. Es gibt Themen und Bedarf. Den zeitgemäßen Anschluss an die Tradition als politischer Bildungsverein finden wir als Sozialdemokratie bei dem, was Frischluft für die Demokratie im Bundestag und beim Regieren möglich machen. Noch mal: Fangt an!

12. ZWISCHENBERICHT, LEITPLANKEN UND WEGWEISER

Bilanz kann man sowieso erst ziehen, wenn alle Fakten bekannt sind. Aber wenn alles vorbei ist, kann man nicht mehr selbst Bilanz ziehen. Also lässt man vernünftigerweise das mit der Bilanz und macht Zwischenberichte und bleibt unterwegs und nutzt den Weg. Ende offen.

Man schaut im Alter als Alter zurück auf das Interessante, und da sammelt sich ja doch einiges an. Aber man hält sich nicht zu lange damit auf und sammelt lieber weiter, was die Tage so bringen. Kein Tag ist überflüssig, jeder mindestens eine Chance, nicht wenige eine genutzte.

Man weiß, dass es nicht mehr so besonders viele Tage sein werden, und entsprechend pfleglich und behutsam geht man mit ihnen um. Und wird dabei älter, alt, weiter älter, hochaltrig und vielleicht weiter älter. Mal sehen.

Wenn man 80 wird, sind es 29.200 Tage, 700.800 Stunden, plus 29. Februar in den Schaltjahren. Das ist eine Menge Leben, ein Stück Geschichte, eine Lebensgeschichte unterwegs.

Geschichte ist interessant, Weltgeschichte zum Beispiel. Man kann aus ihr lernen oder sollte vernünftigerweise oder muss endlich, sagt man. Da ist was dran.

Die Lebensgeschichte jedes Menschen ist auch interessant. Aus ihr kann unsereins – sollte, muss – auch etwas lernen, bevor man nicht mehr kann.

Leben muss man aber nach vorne. Also versucht man, im Älterwerden mit den Erfahrungen seiner ansehnlichen Zahl von Tagen und Stunden – und manches hat man ja in Minuten und Sekunden erlebt, und davon gibt es tagtäglich 1.440 beziehungsweise 86.400 – sich auf das zu konzentrieren, was einem besonders wichtig ist. Die Sache wird subjektiv, richtig. Die Lebensgeschichten von Menschen sind subjektiv. Erinnerungen und Meinungen und Wünsche spielen wichtige Rollen. So lebt es sich ganz ordentlich und hoffentlich noch lange. Und doch recht ehrlich.

So stelle ich mir das vor. Und ich bin ja noch nicht einmal achtzig. Die Sache hat noch ein paar Tage Zeit. Dann beginnt das fünfte Fünftel, geschätzt, gefühlt. 20 Prozent ist 'ne Menge. Was lässt sich Gutes daraus machen?

Das Privateste bleibt hier außen vor, klar. Aber über die Leitplanken allgemein und die Hinweisschilder schreibe ich die mir wichtigen Gedanken auf. Das ist ja Navi-freie Zone. Man muss den Weg selbst finden.

Dankbarkeit

Richtet sich ganz zentral an meine Eltern, dafür, dass ich lebe. Auch an die, die mich lieben, ich liebe sie auch. An die, mit denen ich freundschaftlich verbunden bin, auf Gegenseitigkeit. Nicht zentral, aber doch auch, an die, die mich nicht ausstehen können, aber ertragen.

Zeit ist Gold

Zeit ist die Währung der Älteren und der Alten. Wir sind zeitreich. Gut fürs Genießen und fürs Verschenken. Potenzial der Lösung.

Mitverantwortung

Für die, die heute leben, und für die, die nach uns leben. Und für alles, das lebt. Lasst es uns versuchen. Mitverantwortung miteinander ist leichter, vor Ort bis global. Den Vorschlag, in der Ecke zu sitzen und zuzuschauen, den lehnen wir ab. Wir mischen mit.

Helfen und sich helfen lassen

(Es gibt Wiederholungen, die sind unverzichtbar.)
Wir sind alle aufeinander angewiesen. Wer auch anderen hilft, muss kein schlechtes Gewissen haben, sich selbst helfen zu lassen, und schon gar keinen Hochmut haben und glauben, Hilfe anzunehmen, kratze an seiner Souveränität. Und überhaupt sollte niemand Sorge haben, als Gutmensch belächelt zu werden. Gutes tun ist gut. Und mehr noch: Tue Gutes und rede drüber. Weshalb den Spitzbuben, Lügnern und Verbrechern das Wort überlassen?

Demokratie als Lebensform und Staatsform

Die ersten 19 Artikel unseres Grundgesetzes haben die Grundrechte zum Inhalt, den einzelnen Menschen, jeden. Erst dann kommt mit Artikel 20 der Staat ins Bild – der Bund, die Länder, die Mechanismen der Demokratie. Die Reihenfolge ist kein Zufall. Was das bedeutet: Demokratie ist Lebensform und Staatsform! Die Mehrheit herrscht nicht, auch die Rechte der Minderheit sind garantiert! Das gibt es so nur in der Demokratie.

Besser wir regieren

Regierung und Opposition haben verschiedene Aufgaben von gleichem Rang, beide tragen Verantwortung für den Staat. Das heißt nicht, dass die Sozialdemokratie freiwillig Opposition sein darf. Es ist besser, wir regieren – fürs Land auf jeden Fall, für uns, wenn wir auf die Interessen des Landes achten.

Macht die Kommunen stark

Freie Gemeinden sind unerlässlich für eine lebendige Demokratie. Sie pendeln die Internationalität und die Globalität unserer Lebenszusammenhänge aus. Wir sind in Kommunen zuhause. Wir Älteren auch, und wir übernehmen auch Aufgaben.

Solidarität

Das ist der Kern, weit mehr als Freundschaft und Mitleid. Letztlich: Im anderen – in jedem – den Menschen sehen, auch wenn dieser Mensch ganz anders ist, als ich es mir wünsche. Niemandem den Namen Mensch absprechen. Das kann sehr schwer sein. Ist aber immer unverzichtbar.

Immer morgens aufstehen

Ich nehme es mir fest vor. Aber – ja – kann sein, ist sogar verdammt sicher, dass es irgendeines Morgens nicht mehr gelingt. Sehr ärgerlich. Ich bin dagegen, nicht aufstehen zu können.

...und lachen...
Kann's nicht fassen.
Kann's nicht lassen.
Steig so weiter.
Weiter heiter.
Munter.
Und grüße froh Herrn Sisyphos,
den Steinemann.
Dem rollt er grad mal wieder:
Runter.
»Was machen Sie für Sachen«!
Wir sehn uns an und lachen.

Über den Autor

FRANZ MÜNTEFERING,
geboren 1940 in Neheim/Sauerland.
Aufgewachsen und lange wohnhaft in Sundern/Sauerland.
Dort Besuch der 8-jährigen Volksschule.
Industriekaufmann 1954 bis 1975.
Ratsmitglied in Sundern 1969 bis 1979.
Ehrenbürger der Stadt Sundern.
Längere Zeit wohnhaft in Bonn, in Berlin und Herne.
Bundes- und Landespolitiker, als MdB, MdL, Minister und Vize-kanzler 1975 bis 2013.
Sozialdemokrat seit 1966, zeitweise Bundesvorsitzender.
Zurzeit Vorsitzender der Bundesarbeitsgemeinschaft der Seniorenorganisationen (BAGSO), Präsident des Arbeiter-Samariter-Bundes Deutschland (ASB) und Co-Vorsitzender der Deutschen Gesellschaft e. V., Berlin.